연세 한국어

읽기 1

연세대학교 한국어학당 편

연세대학교 대학출판문화원

연세 한국어 읽기 1

편저자 연세대학교 한국어학당 교재편찬위원회
집필진 황인교 · 오경진 · 유연숙 · 권민정
펴낸곳 연세대학교 대학출판문화원

주소 서울시 서대문구 연세로 50
전화 2123-3380~2
팩스 2123-8673
ysup@yonsei.ac.kr
http://www.yonsei.ac.kr/press
등록 1955년 10월 13일 제9-60호
인쇄 (주)네오프린텍
본문 더그라프
삽화 디투웍스
녹음 (주)반도음반
성우 윤미나 · 전광주

2007년 10월 5일 1판 1쇄   2024년 9월 20일 1판 24쇄
ISBN 978-89-7141-798-0 (03710)

값 20,000원 (CD 포함)

머리말

국내 최고의 명성으로 한국어 교육의 50년 전통을 이어 온 연세대학교 언어연구교육원 한국어학당에서는 한국어 교육의 질을 높이기 위해 그 동안 많은 교재를 편찬해 왔다. 최근 한국과 한국 문화에 대한 세계인들의 관심이 높아지고 한국어를 배우고자 하는 해외 동포와 외국인이 늘면서 한국어 교재에 대한 학습자들의 요구도 다양해졌다. 이에 따라 연세대학교 언어연구교육원 한국어학당에서는 다양한 학습자들을 대상으로 한국어와 한국 문화를 교육할 수 있는 새로운 교재를 출간하게 되었다.

연세대학교 언어연구교육원 한국어학당에서 출간하는'연세 한국어 읽기 1'은 한국어 초급 학습자를 위한 읽기 교재로서 초급 수준에서 소홀히 하기 쉬운 독해 능력 향상은 물론 자모와 발음의 정확한 습득을 목표로 하고 있다. 특히 이 교재는 여러 가지 유형의 의사소통 기능을 집중적으로 향상시킬 수 있도록 구성된'연세 한국어1'과 함께 사용하면 초급 수준부터 한국어 구조의 정확한 습득이 가능하여 고급 수준의 전문적인 한국어를 구사하는 단계에 용이하게 이를 수 있는 장점이 있다.

'연세 한국어 읽기 1'은 초급 한국어 읽기 학습에서 필요한 내용을 주제로 본문을 구성하되 다양한 실제 문어 텍스트를 포함하고자 하였다. 아울러 어휘력 향상을 위해 어휘 연습 기회를 제공하고 있고 읽기 뿐만 아니라 말하기, 쓰기 능력을 균형 있게 향상시킬 수 있도록 읽기 전, 읽기, 읽기 후 단계 별로 다양한 과제와 활동으로 구성하였다. 또한 학습자들이 흥미를 가질 수 있는 주제와 장면을 포함하여, 읽기를 수행하면서 학습자가 중심이 되어 한국어를 배우고 익힐 수 있도록 배려하였다.

'연세 한국어 읽기 1'이 연세대학교 언어연구교육원 한국어학당에서 공부하는 학생들뿐만 아니라 한국어를 정확하게 이해하고 구사하려는 모든 한국어 학습자들에게 도움이 되기를 바란다.

연세대학교 언어연구교육원
한국어학당 교재편찬위원회

일러두기

- ‘연세 한국어 읽기 1’은 총 40개 단원과 10개의 복습으로 이루어져 있고, 뒤에 정답, 어휘 색인, ‘한글’에 대한 설명, 발음 규칙에 대한 설명이 학습자를 위한 자료로서 붙어 있다. 40개 단원 가운데 처음 3개 단원은 ‘한글’로서 한글 자모를 익히고, 나머지 37개 단원은 4개 과 씩 주제별로 묶고 매 4개 단원 뒤에 ‘확인해 봅시다’를 두어 복습할 수 있도록 하였다.

  40개의 각 단원은 도입 질문과 그림, 본문, ‘어휘’, ‘어휘 연습’, ‘질문’, ‘더 공부해 봅시다’, ‘읽어 봅시다’로 되어 있다.

- 도입 질문과 그림은 읽기 전 단계로서, 학습자가 읽을 내용과 관련된 그림을 보며 이야기를 나눔으로써 배경 지식을 활용하여 글 읽기에 자발적으로 참여하도록 하였다.

- ‘어휘’는 본문 아래에 영어, 일어, 중국어 번역과 함께 제시하여 학습자가 쉽게 의미를 이해할 수 있도록 하였고, 어휘 연습은 다양한 유형의 연습 문제를 통해 어휘의 의미와 용법을 확인하도록 하였다.

- ‘질문’은 내용 이해를 묻는 것으로서 4문제가 있다. 첫 번째는 내용에 대한 간단한 이해 또는 전체적인 이해를 묻는 단답형, 두 번째는 내용의 세부를 정리하는 단답형, 세 번째는 내용에 대한 깊이 있는 이해를 묻는 진위형 문제로 구성하였다. 이것은 전체에서 세부 이해에 이르는 하향 모형의 읽기 과정을 반영한다. 네 번째 질문은 전체적인 이해를 확인하는 간단한 활동으로서 글 전체를 대화로 바꾸거나 요약하거나 결말을 추측하거나 하는 등의 다양한 생산이 가능하도록 구성하여 학습자가 흥미를 느끼고 참여하게 하였다.

- '더 공부해 봅시다'는 읽은 후 활동으로서 매 단원 학습자가 학습한 읽기 능력을 사용할 수 있도록 그림 등의 시각 자료를 묘사한 글 읽기, 다른 내용의 글 찾기 등 독해 능력과 관련된 읽기 활동부터 읽고 쓰기, 읽고 말하기 등 생산이 가능한 활동까지 다양하게 구성하였다.

- '읽어 봅시다'는 해당 본문에서 발음의 예를 추출하여 초급 단계에서 기본적으로 알아야 할 발음 규칙들을 익히도록 하였다. 본문에서는 해당 발음을 문장 단위로 연습할 수 있도록 하였고, 발음 규칙에 대한 설명은 영어로 번역하여 책 뒤에 둠으로써 관심 있는 학습자가 찾아 볼 수 있도록 하였다.

- '확인해 봅시다'는 발음, 어휘, 읽기 활동으로 구성하여 배운 것을 확인할 수 있도록 하였고, 읽기는 4개 단원의 내용을 포괄적으로 이해하고 글의 구조를 익힐 수 있도록 구성하였다.

- 정답은 학습자의 의견을 묻는 주관식 문제를 제외한 모든 문제의 답을 제시하여 학습자 혼자 공부하는 데 도움이 되도록 하였다.

- 한글에 대한 설명은 한글 창제 원리와 음절 구성 및 한국어 구조에 대한 설명을 영어로 번역해 학습자의 한글 학습에 도움이 되도록 하였다.

- 어휘 색인에서는 각 단원에서 다루어진 주요 어휘를 각각 가나다 순으로 정리하여 각 어휘가 제시되었던 쪽수와 함께 제시하였다.

차례

내용 구성

	제목	과	제목	내용	발음	
01	한글	1	한글 1	모음과 자음	단모음, ㄱ~ㅎ	
		2	한글 2	모음과 자음	이중모음, 경음	
		3	한글 3	받침	홑받침 소리, 겹받침 소리	
	인사	4	자기소개	명함, 학생증	소리이음 1	이름은
02	학교와 집	5	우리 교실	물건과 위치에 관한 글	콧소리 되기 1	입니다
		6	내 방	내 방에 관한 글	일곱 끝소리 되기	있습니다
		7	우리 학교	학교 시설물 위치에 관한 글	된소리 되기 1	학교
		8	하숙집	집 위치에 관한 글	소리이음 2	앞에
03	가족과 친구	9	직업	직업과 일하는 곳에 관한 글	거센소리 되기 1	무역회사
		10	우리 가족	가족을 소개하는 글	이중모음 /ㅖ/	계십니다
		11	고향	고향을 소개하는 글 (편지글)	흐름소리 되기 1	한라산
		12	친구	친구에 관한 글	콧소리 되기 2	한국말
04	음식	13	한국 음식	한국 음식에 관한 글	ㅎ소리 줄이기 1	좋아합니다
		14	식당	차림표	된소리 되기 2	식당
		15	식사 초대	음식 준비에 관한 글	두 가지 발음	맛있다
		16	식사 주문	음식 주문하는 글	거센소리 되기 2	깨끗하고
05	하루 생활	17	아침	우리 교실에 관한 글	겹받침 줄이기 1	앉습니다
		18	10월	월간 계획에 관한 글 (달력)	입천장소리 되기	같이
		19	나의 하루	하루 일과에 관한 글	된소리 되기 3	약속
		20	일기	일기	모음 어울림(과거 시제)	갔습니다

	제목	과	제목	내용	발음	
06	물건 사기	21	생일 선물	쇼핑 계획 세우는 글	모음/ㅔ/,/ㅐ/	가게, 생일
		22	CD와 소설책	물건 고르는 글	ㅎ소리 줄이기 2	많아요
		23	꽃집	물건 값에 관한 글	'꽃' 관련 단어 발음	꽃이, 꽃집
		24	동대문 시장	물건 사기에 관한 글	혀끝소리/ㅅ/,/ㅆ/	시장, 싸다
07	교통	25	한국어학당	길을 설명하는 글(위치 안내문)	모음/ㅚ/,/ㅟ/	횡단보도, 쉬다
		26	정동극장	목적지까지 찾아가는 글	거센소리 되기 3	복잡하다
		27	버스	버스 이용하는 글	콧소리 되기 2	정류장
		28	택시	택시 이용하는 글	콧소리 되기 3	끝나고
08	전화	29	휴대전화	휴대전화 사용하는 글	된소리 되기 4	숙제
		30	파티 초대	전화로 초대하는 글	입천장소리 /ㅈ//ㅊ//ㅉ/	집, 초대, 짜다
		31	약속 취소	전화로 약속을 취소하는 글	거센소리 되기 4	좋지
		32	한국어와 전화	한국어 전화 통화에 관한 글	겹받침 줄이기 2	괜찮습니다
09	날씨와 계절	33	계절	계절을 설명하는 글	입술소리 /ㅂ//ㅃ//ㅍ//ㅁ/	버스, 빨리, 풀, 물
		34	일기예보	일기예보	흐름소리 되기 2	물놀이
		35	날씨와 여행	여행지 날씨에 관한 글	흐름소리 이음	걸렸습니다
		36	스키	겨울 스키장에 관한 글	받침/ㄹ/	서울
10	휴일과 방학	37	부산 여행	여행 계획 세우는 글	거센소리 /ㅊ//ㅋ//ㅌ//ㅍ/	출발, 콘도, 턱, 파도
		38	운동	운동에 관한 글	혀끝소리 /ㄷ//ㅌ//ㄸ/	달, 태권도 딸기
		39	여행과 사진	제주 여행에 관한 글	콧소리 되기 4	박물관
		40	엽서	여행지에서 보낸 엽서	이중모음/ㅘ/, /ㅝ/	아름다워요

제 1 과 한글 1 (모음과 자음)

1. 모음

글자	아	어	오	우	으	이	애	에	외	위

CD1: 01

[연습] 이 위 아이 아우 어이 오이 우애

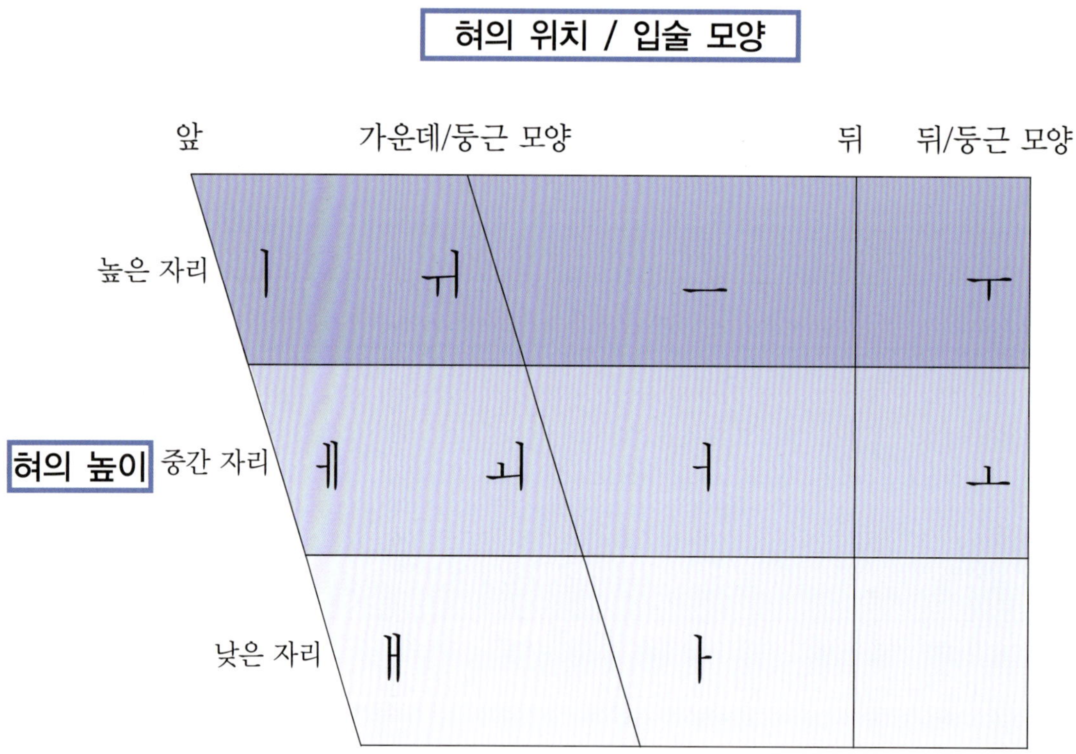

2. 자음

글자	ㄱ	ㄴ	ㄷ	ㄹ

	ㅏ	ㅓ	ㅗ	ㅜ	ㅡ	ㅣ	ㅐ	ㅔ	ㅚ	ㅟ
ㄱ	가	거	고	구	그	기	개	게	괴	귀
ㄴ	나	너	노	누	느	니	내	네	뇌	뉘
ㄷ	다	더	도	두	드	디	대	데	되	뒤
ㄹ	라	러	로	루	르	리	래	레	뢰	뤼

CD1: 02

[연습] 가구 가게 고기 귀 개나리 아기 누나
나이 내 어느 누구 구두 어디 외우다
도구 뒤 가다 거리 나라 다리 도로
라디오 아래 노래 위로

글자	ㅁ	ㅂ	ㅅ	ㅇ	ㅈ

	ㅏ	ㅓ	ㅗ	ㅜ	ㅡ	ㅣ	ㅐ	ㅔ	ㅚ	ㅟ
ㅁ	마	머	모	무	므	미	매	메	뫼	뮈
ㅂ	바	버	보	부	브	비	배	베	뵈	뷔
ㅅ	사	서	소	수	스	시	새	세	쇠	쉬
ㅇ	아	어	오	우	으	이	애	에	외	위
ㅈ	자	저	조	주	즈	지	재	제	죄	쥐

CD1: 03

[연습]	머리	아마	어머니	모두	모자	매우	다리미
	바지	바다	바보	부모	부르다	비누	배우
	배우다	아버지	두부	서로	소리	수저	새
	새우	쇠고기	다시	쉬다	제	지구	쥐

글자	ㅊ	ㅋ	ㅌ	ㅍ	ㅎ

	ㅏ	ㅓ	ㅗ	ㅜ	ㅡ	ㅣ	ㅐ	ㅔ	ㅚ	ㅟ
ㅊ	차	처	초	추	츠	치	채	체	최	취
ㅋ	카	커	코	쿠	크	키	캐	케	쾨	퀴
ㅌ	타	터	토	투	트	티	태	테	퇴	튀
ㅍ	파	퍼	포	푸	프	피	패	페	푀	퓌
ㅎ	하	허	호	후	흐	히	해	헤	회	휘

CD1: 04

[연습]					
차	치마	고추	기차	채소	체하다
취하다	코	크다	키	키우다	조카
토지	타자기	투수	태우다	파리	포도
포수	푸르다	피리	피부	피해	대포
회	하마	허리	호수	후추	오후

제2과 한글 2 (모음과 자음)

1. 모음

글자	야	여	요	유	얘	예	와	왜	워	웨	의

CD1: 05

[연습] 야유 여유 요가 요구 유자 우유 얘기
예의 계시다 시계 과자 왜 돼지 웨이터
위로 의자 의미 무늬 회의 희다 영수의 책

2. 자음

글자	ㄲ	ㄸ	ㅃ	ㅆ	ㅉ

가	다	바	사	자
까	따	빠	싸	짜
카	타	파		차

CD1: 06

[연습] 가치/까치 가다/까다 다르다/따르다 타다/따다
바르다/빠르다 피다/삐다 사다/싸다 시/씨
자다/짜다/차다 지다/찌다/치다

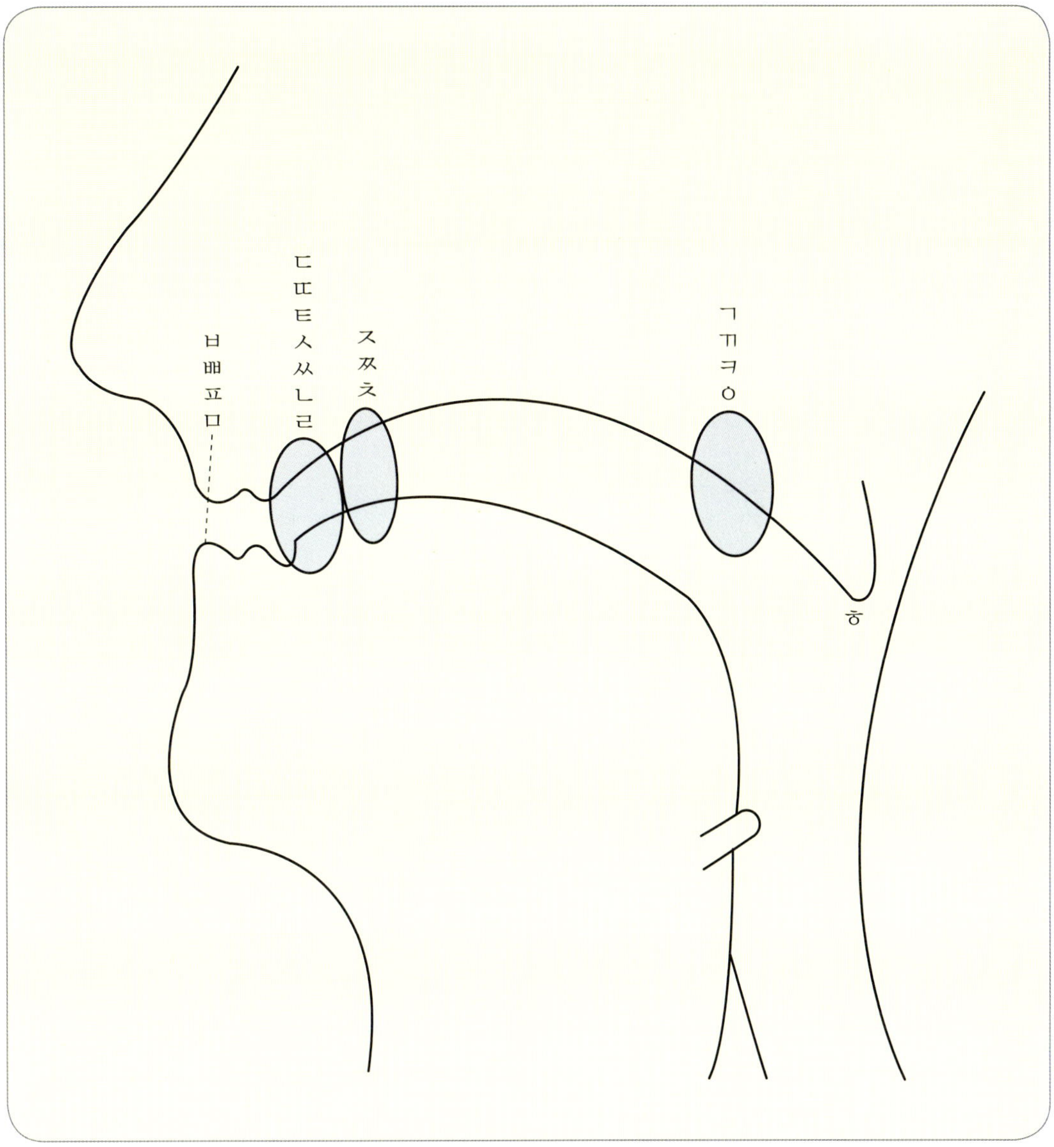

〈자음의 소리 나는 자리〉

제3과 한글 3 (받침)

글자	소리
ㄱ ㄲ ㅋ	[ㄱ]
ㄴ	[ㄴ]
ㄷ ㅅ ㅆ ㅈ ㅊ ㅌ ㅎ	[ㄷ]
ㄹ	[ㄹ]
ㅁ	[ㅁ]
ㅂ ㅍ	[ㅂ]
ㅇ	[ㅇ]

CD1: 07~13

[연습]
❶ 각, 밖, 부엌, 국, 독, 복, 닭다, 낚시
❷ 눈, 언니, 한국, 논, 돈, 문, 분
❸ 듣다, 있다, 밑, 히읗, 곧, 옷, 닻, 솥, 낫, 낮, 낯
❹ 쌀, 가을, 딸기, 길, 실, 말, 글, 잘
❺ 봄, 김치, 남산, 감, 담, 밤, 솜, 금, 김
❻ 밥, 입, 잎, 답, 법, 삽, 숲, 앞, 무릎, 덮밥
❼ 강, 종이, 공항, 방, 상, 종, 콩, 통

글자	소리
ㄳ	[ㄱ]
ㄵ	[ㄴ]
ㄶ	[ㄴ]
ㄺ	[ㄱ]
ㄻ	[ㅁ]
ㄼ	[ㄹ/ㅂ]
ㄽ	[ㄹ]
ㄾ	[ㄹ]
ㄿ	[ㅂ]
ㅀ	[ㄹ]
ㅄ	[ㅂ]

CD1: 14~24

[연습]

1. 몫, 몫이
2. 앉다, 앉으십시오
3. 않다, 많다, 많아요
4. 흙, 읽다, 읽으십시오
5. 젊다, 삶다, 젊어, 삶아
6. 여덟, 넓다, 넓어, 밟다, 밟아
7. 외곬, 외곬으로
8. 핥다, 핥아
9. 읊다, 읊어
10. 잃다, 잃어버리다
11. 없다, 없어지다

제 4 과 자기소개

처음 만납니다. 어떻게 인사합니까?

기자
제임스 톰슨
연락처: 010-123-4567
연세신문사

음악대학 피아노과
김민주
연락처 : 010-2123-5678
한국대학교

기자증

이름: 제임스 톰슨
전화번호: 234-5671
주소: 서울시 종로구 안국동 124
연세신문사

CD1: 25

안녕하십니까?

처음 뵙겠습니다.

제 이름은 제임스 톰슨입니다.

미국에서 왔습니다.

신문기자입니다.

어휘

한국어	English	日本語	中文
자기소개	self-introduction	自己紹介	介绍自己
안녕하십니까	hello	おはようございます, こんにちは, こんばんは	你好
처음	first, for the first time	はじめて	第一次
뵙다	to meet	お目にかかる	见面
제	my	私の	我的, 我
이름	name	名前	名字
미국	USA	アメリカ	美国
~에서 왔습니다	came from	…から来ました	来自…
신문기자	newspaper journalist, reporter	新聞記者	报社记者
기자증	journalist card	記者証	记者证
전화번호	phone number	電話番号	电话号码
주소	address	住所	地址
신문사	newspaper company	新聞社	报社

어휘 연습

○ 다음 빈 칸에 알맞은 어휘를 쓰십시오.

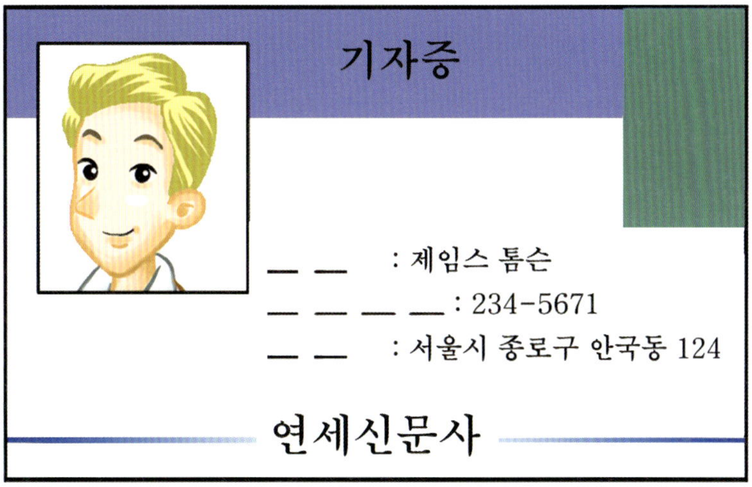

질문

1. 이름이 무엇입니까?

2. 어디에서 왔습니까?

3. 맞으면 O, 틀리면 X 하십시오.

❶ 제임스는 자기소개를 합니다. (　　)

❷ 제임스는 캐나다 사람입니다. (　　)

❸ 제임스는 기자입니다. (　　)

4. 위 글을 다음 대화로 바꾸고 친구와 이야기해 봅시다.

영수　: 안녕하십니까? 이영수입니다.

제임스 : 안녕하십니까? ....

영수　: 어디에서 왔습니까?

제임스 : ....

영수　: 저는 대학생입니다.
제임스 씨도 대학생입니까?

제임스 : 아니요, ...

더 공부해 봅시다

- 여러분의 학생증을 만드십시오.

학 생 증

이름: ____________________

전화번호: ____________________

주소: ____________________

연세대학교 언어연구교육원 한국어학당

읽어 봅시다 [CD1: 26]

• 이름은[이르믄]	제 이름은 김미선입니다.
• 미국에서[미구게서]	저는 미국에서 왔습니다.
• 일본에[일보네]	어머니는 일본에 있습니다.
• 한국은[한구근]	한국은 덥습니다.
• 직업이[지거비]	직업이 무엇입니까?

1-4과 확인해 봅시다

1. 다음을 읽어 봅시다.

❶ 아이

❷ 우유

❸ 예의

❹ 위

2. 다음 어휘를 읽어 봅시다.

❶ 부모 서로 비누

❷ 시계 돼지 사회

❸ 까치 빠르다 피다

❹ 쌀 부엌 무릎 공항

3. 다음 문장을 읽어 봅시다.

❶ 이 분이 선생님입니다.

❷ 친구가 있습니다.

❸ 동생이 책을 읽습니다.

❹ 연세대학교가 신촌에 있습니다.

4. 다음을 읽고 질문에 답하십시오.

안녕하십니까?
처음 뵙겠습니다.
저는 마유미입니다.
일본에서 왔습니다.
저는 학생입니다.

❶ 이름이 무엇입니까?

❷ 어디에서 왔습니까?

제5과 우리 교실

● 여기는 어디입니까?

CD1: 27

여기는 우리 교실입니다.

우리 교실에 책상, 의자, 칠판, 시계가 있습니다.

이것은 제 가방입니다.

제 가방은 큽니다.

제 가방에 책, 공책, 사전이 있습니다.

어휘

여기	here	ここ	这里
우리	our	私たち, 私たちの	我们
교실	classroom	教室	教室
이다	to be	…だ, …である	是
책상	desk	机	书桌
의자	chair	椅子	椅子
칠판	black board	黒板	黑板
시계	clock	時計	钟表, 手表
있다	to have, to be(exist)	ある, いる	有
가방	backpack, bag	かばん	包
크다	to be big, large	大きい	大
책	book	本	书
공책	notebook	ノート	笔记本
사전	dictionary	詞典	词典

어휘 연습

○ 다음 빈 칸에 알맞은 어휘를 쓰십시오.

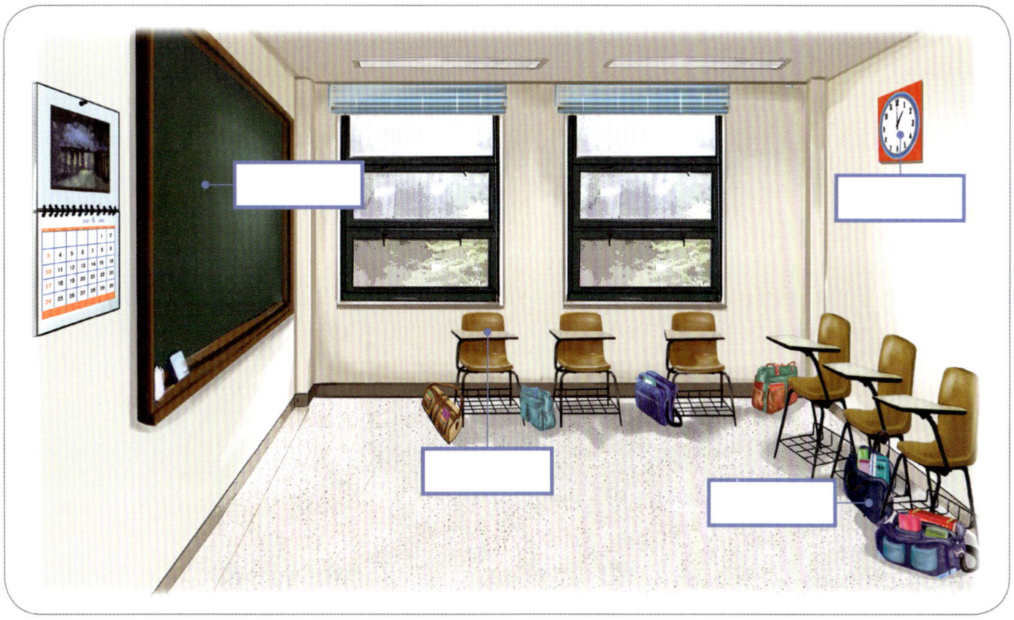

질문

1. 여기는 어디입니까?

2. 공책이 어디에 있습니까?

3. 맞으면 O, 틀리면 X 하십시오.

❶ 교실에 시계가 있습니다. ( )

❷ 제 가방은 큽니다. ( )

❸ 저는 사전이 없습니다. ( )

4. 위 글을 다음 대화로 바꾸고 친구와 이야기해 봅시다.

가 : 여기는 어디입니까?

나 : ....

가 : 교실에 무엇이 있습니까?

나 : ....

가 : 이것은 무엇입니까?

나 : ....

가 : 가방이 큽니까?

나 : ....

가 : 가방에 무엇이 있습니까?

나 : ....

더 공부해 봅시다

○ 다음 문장과 맞는 그림을 연결하십시오.

❶ 책상에 책, 공책, 연필이 있습니다. •

❷ 가방에 지갑, 열쇠가 있습니다. •

❸ 교실에 달력, 칠판, 의자가 있습니다. •

• 

• 

• 

읽어 봅시다 [CD1:28]

- 있습니다[읻씀니다] 교실에 책상이 있습니다.
- 입니다[임니다] 저는 한국 사람입니다.
- 큽니다[큼니다] 제 가방은 큽니다.
- 밥맛[밤맏] 밥맛도 좋습니다.
- 십만[심만] 이것은 십만 원입니다.

제6과 내 방

여기는 어디입니까?

CD1: 25

제 방은 2층에 있습니다.

제 방에는 침대하고 옷장이 있습니다.

책상도 있습니다. 책상에 교과서하고 시계가 있습니다.

제 방에 텔레비전하고 냉장고는 없습니다.

텔레비전하고 냉장고는 1층에 있습니다.

어휘

내	my	私	我的，我
방	room	部屋	房间
층	floor	階	层
침대	bed	ベッド	床
-하고	and	ーと	和，跟
옷장	closet	クローゼット	衣柜
교과서	textbook	教科書	课本
텔레비전	television	テレビ	电视
냉장고	refrigerator	冷蔵庫	冰箱
없다	not to have, not to be(exist)	ない，いない	没有

어휘 연습

- 그림을 보고 맞으면 O, 틀리면 X 하십시오.

❶ 침대가 있습니다. (　　) ❷ 책상이 있습니다. (　　)

❸ 의자가 없습니다. (　　) ❹ 냉장고가 없습니다. (　　)

질문

1. 제 방은 어디에 있습니까?

2. 제 방에 무엇이 있습니까? V 하십시오.

침대	
책상	
냉장고	
텔레비전	
시계	

질문

3. 맞으면 O, 틀리면 X 하십시오.

❶ 2층에 옷장이 있습니다. ( )

❷ 우리 집에 냉장고가 없습니다. ( )

❸ 제 책상에 텔레비전이 있습니다. ( )

4. 위 글을 다음 대화로 바꾸고 친구와 이야기해 봅시다.

가 : 방에 무엇이 있습니까?

나 : .... 하고 .... 하고 .... 이/가 있습니다.

가 : 책상에는 무엇이 있습니까?

나 : .... 하고 .... 이/가 있습니다.

가 : 텔레비전은 어디에 있습니까?

나 : ....

가 : 냉장고는 어디에 있습니까?

나 : ....

더 공부해 봅시다

- 다음 그림을 보고 위 글과 같이 쓰십시오.

제 방은 3층에 있습니다.

제 방에는 ....

읽어 봅시다 [CD1: 30]

• 듣습니다[듣씀니다]	음악을 듣습니다.
• 옷장[옫짱], 있습니다[읻씀니다]	제 방에 옷장이 있습니다.
• 낮[낟]	낮과 밤이 다릅니다.
• 꽃[꼳]	꽃과 나무가 있습니다.
• 밭[받]	밭도 있습니다.

제 7 과 우리 학교

◎ 우리 학교에 무엇이 있습니까?

CD1: 31

여기는 우리 학교입니다.
1층에 식당이 있습니다.
강당도 1층에 있습니다.
사무실은 2층에 있습니다.
3층에는 선생님 방이 있습니다.
컴퓨터실은 6층에 있습니다.

어휘			
학교	school	学校	学校
식당	restaurant	食堂	食堂
강당	auditorium	講堂	讲堂, 大教室
사무실	office	事務室	办公室
선생님	teacher	先生	老师
컴퓨터실	computer room	コンピューター室	电脑室

어휘 연습

- [보기]와 같이 쓰십시오.

[보기] **학교** : 선생님, 학생, 교실, 공부

❶ 식당 ……………, ……………, ……………

❷ 사무실 ……………, ……………, ……………

❸ 컴퓨터실 ……………, ……………, ……………

질문

1. 여기는 어디입니까?

2. 사무실은 몇 층에 있습니까?

질문

3. 맞으면 O, 틀리면 X 하십시오.

❶ 우리 학교에 식당이 없습니다. (　　)

❷ 1층에 강당이 있습니다. (　　)

❸ 우리 학교는 5층입니다. (　　)

4. 위 글을 다음 대화로 바꾸고 친구와 이야기해 봅시다.

❶ 가 : 1층에 무엇이 있습니까?

나 : ....

❷ 가 : 2층에는 무엇이 있습니까?

나 : ....

❸ 가 : 컴퓨터실은 몇 층에 있습니까?

나 : ....

❹ 가 : 선생님 방은 몇 층에 있습니까?

나 : ....

더 공부해 봅시다

○ 다음 그림과 다른 것을 찾으십시오.

여기는 제 방입니다.
→ 교실

책상하고 의자하고 칠판이 있습니다.

텔레비전은 없습니다.

책상에 가방하고 공책이 있습니다.

시계하고 달력은 벽에 있습니다.

읽어 봅시다 [CD1: 32]

- 학교[학꾜]　저는 날마다 학교에 갑니다.
- 먹고[먹꼬]　점심을 먹고 차를 마십니다.
- 듣고[듣꼬]　노래를 듣고 싶습니다.
- 입고[입꼬]　한복을 입고 춤을 춥니다.
- 잡고[잡꼬]　손을 잡고 웃습니다.

제8과 하숙집

- 여러분은 어디에서 삽니까?

CD1: 33

우리 하숙집은 신촌에 있습니다.
우리 하숙집은 2층집입니다.
하숙집 앞에는 약국이 있습니다.
하숙집 뒤에는 학교가 있습니다.
하숙집 옆에는 공원이 있습니다.
공원에는 나무하고 꽃이 많습니다.

어휘

어휘	English	日本語	中文
하숙집	boarding house	下宿	以供别人吃住为业的人家 (韩国常见的一种学生住宿形式)
앞	front	前	前面
약국	pharmacy	薬局	药店
뒤	back	後ろ	后面
옆	beside, next	横	旁边
근처	near	近所, 近く	附近
공원	park	公園	公园
나무	tree	木	树
꽃	flower	花	花
많다	to be a lot (of)	多い	多

어휘 연습

○ 다음 그림을 보고 빈 칸에 알맞은 어휘를 쓰십시오.

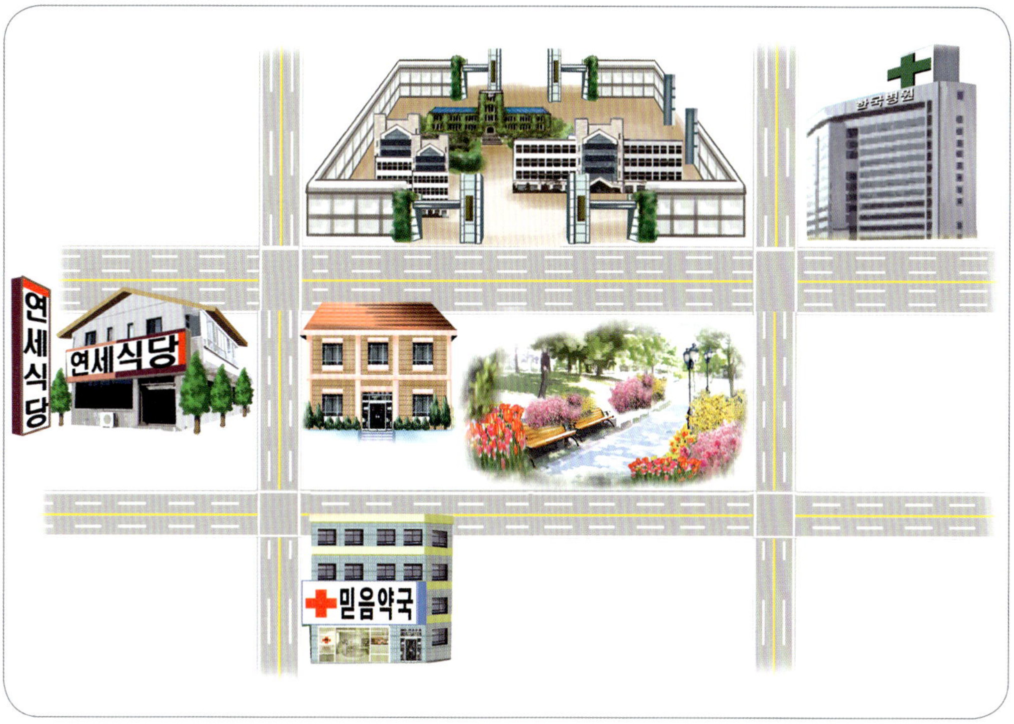

❶ 학교 (　　　　)에 하숙집이 있습니다.

❷ 하숙집은 약국 (　　　　)에 있습니다.

❸ (　　　　) 근처에 (　　　　)이/가 있습니다.

질문

1. 하숙집은 어디에 있습니까?

2. 공원에 무엇이 있습니까?

3. 맞으면 O, 틀리면 X 하십시오.

❶ 하숙집은 2층집입니다. ( )

❷ 약국은 하숙집 옆에 있습니다. ( )

❸ 공원에 나무가 많습니다. ( )

4. 위 글을 다음 대화로 바꾸고 친구와 이야기해 봅시다.

❶ 가 : 하숙집이 어디에 있습니까?
나 : ....

❷ 가 : 하숙집 근처에 무엇이 있습니까?
나 : ....

❸ 가 : 공원이 하숙집 뒤에 있습니까?
나 : ....

❹ 가 : 공원 안에는 무엇이 많습니까?
나 : ....

더 공부해 봅시다

○ 다음 그림과 다른 것을 찾으십시오.

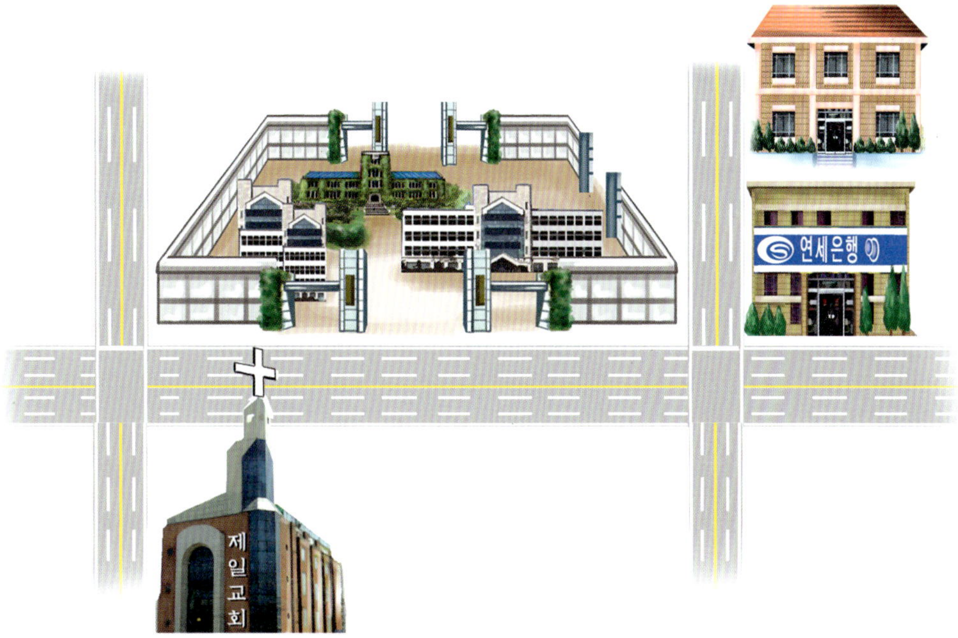

하숙집 근처에 학교, 은행, 병원이 있습니다.
→ 교회가

우리 하숙집은 은행 앞에 있습니다.

은행은 학교 뒤에 있습니다.

학교 옆에 교회가 있습니다.

읽어 봅시다 [CD1: 34]

- 신촌에는[신초네는] 신촌에는 사람이 많습니다.
- 앞에[아페] 하숙집 앞에 약국이 있습니다.
- 꽃이[꼬치] 공원에는 꽃이 많습니다.
- 집에서[지베서] 집에서 점심을 먹습니다.
- 낮이[나지] 여름에는 낮이 깁니다.

5-8과 확인해 봅시다

1. 다음을 읽어 봅시다.

❶ 제 이름은 김영수입니다.

❷ 책상 위에 사전하고 공책이 있습니다.

❸ 날마다 학교에 갑니다.

❹ 공원에 꽃이 많습니다.

2. 다음 질문에 답하십시오.

1) 관계가 <u>다른 것</u>을 고르십시오. (   )

❶ 크다 – 작다 ❷ 있다 – 없다

❸ 좋다 – 나쁘다 ❹ 많다 – 싸다

2) 관계가 <u>다른 것</u>을 고르십시오. (   )

❶ 교실 ❷ 하숙집 ❸ 기숙사 ❹ 아파트

3) 빈 칸에 알맞은 어휘를 쓰십시오.

❶ 공원이 집 앞에 있습니다. → 공원 (   )에 집이 있습니다.

❷ 책 위에 공책이 있습니다. → 공책 (   )에 책이 있습니다.

4) 무엇이 있습니까?

❶ 교실: ...., ..., ..., ..., ...

❷ 방: ...., ..., ..., ..., ...

3. [보기]에서 골라서 빈 칸에 알맞은 문장을 쓰십시오.

[보기] 한국 학생은 없습니다.
제 방에는 책상하고 의자하고 침대가 있습니다.
하숙집 근처에 병원하고 약국하고 백화점이 있습니다.

저는 하숙생입니다.

우리 하숙집은 신촌에 있습니다.

❶ ....

제 방은 3층에 있습니다.

❷ ....

텔레비전하고 컴퓨터는 없습니다.

우리 하숙집에는 일본 학생들이 많습니다.

❸ ....

제 9 과 직업

◉ 여러분은 직업이 있습니까? 무슨 일을 합니까?

CD1: 35

우리 하숙집에 경희 씨, 토모미 씨, 마이클 씨가 있습니다.
경희 씨는 무역회사에 다닙니다.
사무실이 여의도에 있습니다.
토모미 씨는 은행에서 일합니다.
은행은 신촌에 있습니다.
마이클 씨는 기자입니다.
신문사가 종로에 있습니다.
모두 열심히 일합니다.

어휘			
직업	job, occupation	職業	职业
무역회사	trading company	貿易会社	贸易公司
여의도	Yeouido	汝矣島	汝矣島
다니다	to work, to attend	(会社に) 勤める, (学校に) 通う	上班, 上学
은행	bank	銀行	银行
신촌	Shin-Chon	新村	新村
일하다	to work	働く, 仕事する	工作
모두	everyone	みんな	所有, 全
종로	Jongno	鍾路	钟路
열심히	zealously, hard	一生懸命, 熱心に	努力地

어휘 연습

○ 다음과 같이 연결하십시오.

❶ 은행원 •·························•	은행에서 일합니다.
❷ 간호사 •	• 학교에서 가르칩니다.
❸ 외교관 •	• 병원에서 일합니다.
❹ 선생님 •	• 신문사에서 일합니다.
❺ 신문 기자 •	• 대사관에서 일합니다.

질문

1. 우리 하숙집에 누가 삽니까?

2. 경희 씨 사무실은 어디에 있습니까?

질문

3. 맞으면 O, 틀리면 X 하십시오.

❶ 경희 씨는 회사원입니다. (　　)

❷ 토모미 씨는 신촌에서 일합니다. (　　)

❸ 마이클 씨는 은행원입니다. (　　)

4. 위 글을 읽고 대답에 맞는 질문을 쓰십시오.

❶ 가 : ....?
나 : 경희 씨, 토모미 씨, 마이클 씨가 있습니다.

❷ 가 : ....?
나 : 무역회사에 다닙니다.

❸ 가 : ....?
나 : 아니요, 은행원이 아닙니다. 기자입니다.

❹ 가 : ....?
나 : 네, 모두 열심히 일합니다.

더 공부해 봅시다

○ 다음 글을 읽고 다른 것을 고치십시오.

이름 : 김민섭
직업 : 한국대학교 교수
전공 : 경제학
직장 : 신촌
연구실 : 5층
집 : 여의도

김민섭 씨는 회사원입니다. → 교수

한국대학교에서 경제학을 배웁니다.

한국대학교는 여의도에 있습니다.

김민섭 씨 연구실은 2층에 있습니다.

읽어 봅시다 [CD1: 36]

- 무역회사[무여쾨사] 저는 무역회사에 다닙니다.
- 책하고[채카고] 책상 위에 책하고 공책이 있습니다.
- 축하[추카] 생일을 축하합니다.
- 않고[안코] 아침을 먹지 않고 학교에 갑니다.
- 많고[만코] 공원에는 나무도 많고 꽃도 많습니다.

제10과 우리 가족

여러분 가족은 몇 명입니까? 누가 있습니까?

CD1: 37

우리 가족은 네 명입니다.

아버지, 어머니, 형 그리고 저입니다.

부모님은 일본에 계십니다.

아버지는 은행원이시고 어머니는 선생님이십니다.

형은 회사원입니다.

형은 미국에서 일합니다.

저는 한국에서 한국말을 배웁니다.

어휘

가족	family	家族	家族, 家人
명	counting unit for people	(人数を数える単位) …人, …名	名(量词)
아버지	father	お父さん, 父	爸爸
어머니	mother	お母さん, 母	妈妈
형	brother	お兄さん, 兄	哥哥(男生称呼哥哥时的叫法)
그리고	and, also	そして	并, 而且
저	I, me	私	我(谦称)
부모님	parents	両親, ご両親	父母
일본	Japan	日本	日本
계시다	to be(with high respect)	いらっしゃる, おられる (「いる」の尊敬語)	在, 有 (있다的敬语)
은행원	banker	銀行員	银行职员
회사원	office worker	会社員	公司职员
미국	USA	アメリカ	美国
한국	Korea	韓国	韩国
한국말	Korean language	韓国語	韩国话
배우다	to learn	習う, 学ぶ	学习

어휘 연습

○ [보기]에서 알맞은 어휘를 찾아 쓰십시오.

[보기] 언니 오빠 누나 형 동생

나는 여자입니다.

우리 오빠는 회사원입니다.
우리 언니는 대학생입니다.
내 동생은 학생입니다.

나는 남자입니다.

우리 .... 은/는 회사원입니다.
우리 .... 은/는 대학생입니다.
내 .... 은/는 학생입니다.

연세 한국어 읽기 1

질문

1. 우리 가족은 모두 몇 명입니까?

2. 부모님은 무엇을 하십니까?

3. 맞으면 O, 틀리면 X 하십시오.

❶ 우리 가족은 모두 일본에 있습니다. (　　)

❷ 형은 한국에서 일합니다. (　　)

❸ 나는 남자입니다. (　　)

4. 위 글을 읽고 다음 빈 칸을 채우십시오.

누가 있습니까?	무엇을 합니까?	어디에 있습니까?
아버지		
	선생님	
		한국

더 공부해 봅시다

○ 다음 글을 읽고 여동생의 글을 찾으십시오.

우리 가족은 다섯 명입니다.
아버지, 어머니, 누나, 여동생 그리고 저입니다.
우리 가족은 독일에 있습니다.
아버지는 의사이시고 어머니는 주부이십니다.
누나도 의사입니다.
여동생은 고등학생입니다.
저는 한국에서 한국말을 배웁니다.

❶ 저는 언니와 오빠가 있습니다.
언니는 의사입니다.
오빠는 한국에서 한국말을 배웁니다.
저는 고등학교에 다닙니다.

❷ 저는 오빠와 여동생이 있습니다.
오빠는 의사입니다.
여동생은 한국에서 한국말을 배웁니다.
저는 고등학생입니다.

읽어 봅시다 [CD1: 38]

- 계십니다[게심니다] 부모님은 미국에 계십니다.
- 시계[시게] 책상 위에 시계가 있습니다.
- 계획[게획] 방학 계획이 무엇입니까?
- 지혜[지헤] 그 사람은 지혜가 많습니다.
- 폐품[페품] 폐품들을 모읍니다.

제11과 고향

◎ 여러분 고향은 어디입니까?

CD1: 39

토모미 씨, 안녕하십니까?
저는 지금 제주도에 있습니다.
제주도는 제 고향입니다.
제주도에는 한라산과 바다가 있습니다.
공기도 좋고 경치도 아름답습니다.
귤도 참 맛있습니다.
토모미 씨, 요즘도 많이 바쁘십니까?
방학 잘 보내십시오.

12월 20일
김 정 우

어휘			
고향	hometown	故郷 田舎	故乡, 老家
지금	now	今	现在
제주도	Jeju Island	済州島	济州岛
산	mountain	山	山
-와/과	and	~と	和
바다	sea	海	大海
공기	air	空気	空气
좋다	to be good	良い	好(形容词)
경치	scenery	景色	景色, 风景
아름답다	beautiful	美しい	美, 漂亮
귤	tangerine	みかん	桔子
참	really, very	ほんとうに, 非常に	非常, 十分
맛있다	to taste good, to be delicious	おいしい	好吃
요즘	nowadays, lately	この頃	最近
바쁘다	to be busy	忙しい	忙
방학	school vacation	学校の休み	放假
잘	well	元気で, よく	好, 好地(副词)
보내다	to spend time	(時間を) 過ごす	度过

어휘 연습

○ 다음과 같이 연결하십시오.

❶ 재미있다 •	• 재미없다
❷ 덥다 •	• 싸다
❸ 비싸다 •	• 나쁘다
❹ 쉽다 •	• 춥다
❺ 좋다 •	• 어렵다

질문

1. 이 글은 무엇입니까?

❶ 시 ❷ 소설 ❸ 편지 ❹ 일기

2. 누가 이 글을 씁니까?

3. 맞으면 O, 틀리면 X 하십시오.

❶ 토모미 씨는 지금 제주도에 있습니다. ( )

❷ 제주도에는 산이 없습니다. ( )

❸ 지금은 방학입니다. ( )

4. 위 글을 읽고 다음 질문에 대답하십시오.

❶ 가 : 제주도 공기가 어떻습니까?

나 : ....

❷ 가 : 제주도 경치는 어떻습니까?

나 : ....

❸ 가 : 제주도에 무엇이 있습니까?

나 : ....

❹ 가 : 몇 월 며칠에 이 편지를 씁니까?

나 : ....

더 공부해 봅시다

○ 다음 표를 채우고 [보기]와 같이 친구와 묻고 대답하십시오.

고향이 어디입니까?	
거기에 무엇이 있습니까?	
무엇이 아름답습니까?	
무슨 음식이 맛있습니까?	
날씨는 어떻습니까?	

[보기] 가 : 고향이 어디입니까?
나 : 프랑스 파리입니다.

읽어 봅시다 [CD1: 40]

• 한라산[할라산]	한라산은 아름답습니다.
• 난로[날로]	겨울에는 난로를 씁니다.
• 편리하다[펼리하다]	휴대전화가 편리합니다.
• 진리[질리]	진리를 찾습니다.
• 천리[철리]	천리 길도 한 걸음부터.

제12과 친구

● 여러분은 친구가 많습니까?

CD1: 41

제 친구 민수는 대학생입니다.
전공이 경영학입니다.
민수는 미국 뉴욕에서 왔습니다.
지금 한국에서 한국말을 공부합니다.
민수는 노래를 잘 부르고 춤도 잘 춥니다.
가끔 학교에서 춤을 춥니다.
우리는 모두 민수를 좋아합니다.

어휘			
친구	friend	友達	朋友
대학생	university student	大学生	大学生
전공	major	専攻	专业
경영학	management, business administration	経営学	经营学
에서	from	(出発点を表す) …から´	来自…
공부하다	study	勉強する	学习
노래	song	歌	歌
부르다	to sing	歌う	唱
춤	dance	踊り	舞蹈
추다	to dance	踊る	跳舞
가끔	sometimes	時々	偶尔
좋아하다	to like	好きだ	喜欢

어휘 연습

○ 다음과 같이 연결하십시오.

❶ 공부를 • ········	• 하다
❷ 노래를 •	• 추다
❸ 춤을 •	• 먹다
❹ 밥을 •	• 부르다

질문

1. 위 글은 무슨 이야기입니까?

2. 민수는 어디에서 왔습니까?

3. 맞으면 O, 틀리면 X 하십시오.

❶ 민수는 역사를 공부합니다. (　　)

❷ 민수는 춤을 잘 춥니다. (　　)

❸ 민수는 지금 한국에 있습니다. (　　)

4. 위 글을 읽고 다음 빈 칸을 채우십시오.

친구 이름	전공	고향	취미
민수			

더 공부해 봅시다

○ 다음 글을 읽고 이야기해 봅시다. 여러분은 누구와 친구가 되고 싶습니까?

❶ 제 이름은 다나카입니다.
일본에서 왔습니다.
전공이 컴퓨터입니다.
저는 운동을 좋아합니다.
축구를 잘 합니다.

❷ 저는 제니입니다.
제 고향은 런던입니다.
전공은 피아노입니다.
피아노를 잘 칩니다.
노래도 잘 부릅니다.

❸ 저는 솔비입니다.
몽골에서 왔습니다.
전공은 관광학입니다.
저는 여행을 좋아합니다.
사진도 잘 찍습니다.

읽어 봅시다 [CD1: 42]

• 학년[항년]	저는 대학교 2학년입니다.
• 백년[뱅년]	백 년이 됩니다.
• 한국말[한궁말]	한국말이 재미있습니다.
• 국물[궁물]	국물이 맛있습니다.
• 국민[궁민]	국민이 좋아합니다.

9-12과 확인해 봅시다

1. 다음을 읽어 봅시다.

❶ 생일을 축하합니다.

❷ 고향에 부모님이 계십니다.

❸ 제주도에는 한라산이 있습니다.

❹ 저는 지금 한국말을 배우고 한국 노래도 배웁니다.

2. 다음 질문에 답하십시오.

1) 관계가 틀린 것을 고르십시오. (　　　)

❶ 신문–도서관–보다　　❷ 숙제–집–만나다

❸ 노래–노래방–부르다　　❹ 한국말–학교–가르치다

2) 관계가 다른 것을 고르십시오. (　　　)

❶ 은행–은행원　　❷ 교수–신문사

❸ 병원–의사　　❹ 회사–회사원

3) 빈 칸에 알맞은 어휘를 쓰십시오.

❶ 저는 노래를 잘 합니다. 저는 (　　　)입니다.

❷ 저는 부산에서 왔습니다. 부산은 제 (　　　)입니다.

❸ 학교에 가지 않습니다. 요즘은 (　　　)입니다.

4) 다음과 같이 쓰십시오.

❶ 가족 : 아버지, ..., ..., ..., ...

❷ 직업 : 의사, ..., ..., ..., ...

3. [보기]에서 골라서 빈 칸에 알맞은 문장을 쓰십시오.

[보기] 가끔 한국노래도 배웁니다.
아버지는 회사원이시고 어머니는 의사이십니다.
누나는 대학생이고 역사를 공부합니다.
호주는 경치가 아름답고 공기도 좋습니다.
아버지, 어머니, 누나, 그리고 저입니다.

제 고향은 호주입니다.

....

우리 가족은 모두 네 명입니다.

....

부모님은 호주에 계십니다.

....

누나는 미국에 있습니다.

....

저는 지금 한국에서 한국말을 배웁니다.

....

한국 노래가 재미있습니다.

제13과 한국 음식

여러분은 무슨 음식을 좋아합니까?

CD1: 43

유키 씨와 저는 한식을 좋아합니다.

회사 근처 한식집에 자주 갑니다.

그 한식집에는 불고기, 냉면, 김치찌개, 순두부찌개, 생선찌개, 비빔밥, 갈비탕이 있습니다.

김치찌개하고 비빔밥은 조금 맵습니다.

유키 씨는 고기를 좋아합니다. 생선은 싫어합니다.

그래서 유키 씨는 갈비탕을 자주 먹습니다.

저는 순두부찌개를 자주 먹습니다

어휘			
음식	food	飲食	菜
한식	Korean food	韓国料理	韩餐
한식집	Korean restaurant	韓国料理店	韩餐馆
자주	often	よく, しばしば, しょっちゅう	经常
조금	a little	少し	稍微
맵다	to be spicy	辛い	辣
고기	meat	肉	肉
생선	fish	魚, 鮮魚	鱼
싫어하다	to dislike	嫌がる, 嫌う	讨厌, 不喜欢
그래서	therefore, so	それで	所以
먹다	to eat	食べる	吃

어휘 연습

○ 다음 그림을 보고 음식 이름을 쓰십시오.

[보기]

(갈비)

(   )

(   )

(   )

(   )

(   )

질문

1. 이 글은 무슨 이야기입니까?

❶ 친구 ❷ 음식 ❸ 값 ❹ 고향

2. 나와 유키 씨는 무슨 음식을 좋아합니까?

3. 맞으면 O, 틀리면 X 하십시오.

❶ 이 식당이 회사에서 가깝습니다. ( )

❷ 유키 씨는 생선을 좋아합니다. ( )

❸ 유키 씨는 순두부찌개를 자주 먹습니다. ( )

4. 다음을 알맞게 연결하십시오.

❶ 순두부찌개 •	• 조금 맵습니다.
❷ 생선찌개 •	• 유키 씨가 자주 먹습니다.
❸ 김치찌개 •	• 내가 자주 먹습니다.
❹ 갈비탕 •	• 유키 씨가 싫어합니다.

더 공부해 봅시다

- 다음 음식점에 무슨 음식이 있습니까? 빈 칸을 채우십시오.

한식집	
일식집	
중국집	
양식집	
분식집	

읽어 봅시다 [CD1: 44]

- 좋아합니다[조아함니다]/[조하함니다] — 저는 한국 음식을 좋아합니다.
- 넣어야[너어야]/[너허야] — 동전을 넣어야 합니다.
- 쌓여[싸여]/[싸혀] — 눈이 많이 쌓여 있습니다.
- 놓여[노여]/[노혀] — 의자에 가방이 놓여 있습니다.
- 낳은[나은]/[나흔] — 우리 집 개가 낳은 강아지입니다.

제14과 식당

◎ 여러분은 오늘 점심에 무엇을 먹겠습니까?

행복 식당 차림표	
김밥	2,000원
만두	3,000원
치즈라면	3,000원
떡볶이	3,000원
수제비	3,000원
비빔국수	3,500원
떡라면	3,000원
돈가스	5,000원
비빔밥	4,500원
김치볶음밥	4,000원

북경반점	
자장면	3,000원
짬뽕	4,000원
탕수육	12,000원
양장피	25,000원
깐풍기	18,000원
팔보채	25,000원
잡채밥	7,000원
군만두	3,000원
새우볶음밥	4,500원

스파게티피아	
새우올리브스파게티	3,900원
미트오븐스파게티	3,900원
해물스파게티	3,900원
깔보나라스파게티	4,900원
게살크림스파게티	4,900원
핫칠리스파게티	4,900원
치킨크림스파게티	5,900원
해물디럭스스파게티	6,900원

바다	
모듬회정식	35,000원
도미조림정식	30,000원
장어구이정식	25,000원
복매운탕	28,000원
생대구	25,000원
전복죽	20,000원
모듬튀김	50,000원

오늘 점심은 행복 식당에서 먹을까요?

어휘			
행복	happiness	幸福, 幸せ	幸福
신촌점	Shin-chon branch	新村店	新村店
배달하다	to deliver	配達する	外卖派送
일요일	Sunday	日曜日	星期日
쉬다	to rest	休む	休息
음료수	drinks	飲み物	饮料
무료	free of charge	無料	免费
카드	card	カード	卡, 信用卡

어휘 연습

○ 다음과 같이 연결하십시오.

❶ 맵다 •	• 김치, 고추
❷ 시다 •	• 소금, 간장
❸ 달다 •	• 식초, 레몬
❹ 쓰다 •	• 인삼, 한약
❺ 짜다 •	• 설탕, 꿀

질문

1. 이 식당에 무슨 음식이 있습니까?

❶ 자장면 ❷ 스파게티 ❸ 비빔밥 ❸ 생선찌개

2. 떡볶이와 만두를 먹습니다. 모두 얼마입니까? (한글로 쓰십시오.)

질문

3. 맞으면 O, 틀리면 X 하십시오.

❶ 만두하고 치즈라면은 값이 같습니다. (　　)

❷ 이 식당은 명동에 있습니다. (　　)

❸ 이 식당은 일요일에도 합니다. (　　)

4. 위 차림표와 내용이 다른 것을 찾아서 고치십시오

행복식당은 신촌에 있습니다.

이 집에는 김밥, 만두, 라면 등이 있습니다.

김밥은 이천오백 원입니다.

➜ 이천

만두는 사천 원입니다.

➜ ....

김치볶음밥은 오천 원입니다.

➜ ....

이 식당은 토요일에 쉽니다.

➜ ....

이 식당에서는 껌이 무료입니다.

➜ ....

카드도 받습니다.

배달은 하지 않습니다.

➜ ....

더 공부해 봅시다

- 다음 차림표를 보고 맞으면 O, 틀리면 X 하십시오.

❶ 여기는 일식집입니다. (　　)

❷ 이 식당은 매주 쉽니다. (　　)

❸ 이 식당에 냉면은 있지만, 라면은 없습니다. (　　)

❹ 된장찌개하고 비빔밥을 먹습니다. (　　)
음식 값은 모두 구천 원입니다.

읽어 봅시다 [CD1: 45]

- 식당[식땅]　　식당에서 점심을 먹습니다.
- 찍다[찍따]　　사진을 찍다가 웃습니다.
- 있다[읻따]　　신촌에 한국어학당이 있다.
- 꽃다발[꼳따발]　　꽃다발을 선물합니다.
- 덥다[덥따]　　오늘은 날씨가 덥다.

제15과 식사 초대

여러분 집에 친구를 초대합니다. 무슨 음식을 만듭니까?

CD1: 46

오늘 우리 반 친구들이 집에 옵니다.
친구들은 한식을 좋아합니다.
그래서 저는 불고기와 된장찌개를 만듭니다.
반찬도 여러 가지 만듭니다.
한국 차도 준비합니다.
친구들은 모두 불고기를 좋아합니다.
저는 된장찌개를 아주 좋아합니다.
저는 친구들과 이 음식을 맛있게 먹고 싶습니다.

어휘			
초대	invitation	招待	邀请
반	class	クラス, 班	班
들	plural (more than one person)	(名詞について複数を表す) …達	用于名词后表示复数
집	house	家	家
오다	to come	来る	来
된장찌개	bean paste soup	テンジャンチゲ, 味噌チゲ	大酱汤
만들다	to make	作る	做
반찬	side dishes	おかず, お惣菜	小菜
여러 가지	various	いろいろ	许多种
차	tea	茶	茶
준비하다	to prepare	準備する	准备
아주	really, very	とても	很, 十分
맛있게	deliciously	おいしく	津津有味地

어휘 연습

○ 다음 음식의 이름을 [보기]에서 골라서 쓰십시오.

[보기] 밥　　국　　김치　　불고기　　된장찌개　　반찬

질문

1. 오늘 우리 집에 누가 옵니까?

2. 친구들은 무슨 음식을 좋아합니까?

3. 맞으면 O, 틀리면 X 하십시오.

❶ 나는 한식을 만듭니다. ( )

❷ 나는 여러 가지 반찬을 만듭니다. ( )

❸ 친구들은 된장찌개를 아주 좋아합니다. ( )

4. 위 글을 읽고 다음 문장을 완성하십시오.

❶ 오늘 친구들이 ……………………

❷ 나는 ………… 하고 ………… 하고 ………… 을/를 만듭니다.

❸ 불고기는 ……………………

❹ 된장찌개는 ……………………

❺ 우리는 …………………… 고 싶습니다.

더 공부해 봅시다

○ 다음 중에서 골라서 [보기]와 같이 이야기하십시오.

무슨 음식을 좋아합니까?

무슨 음식을 싫어합니까?

[보기] 저는 불고기를 좋아합니다. 불고기는 맵지 않습니다. 맛있습니다.

읽어 봅시다 [CD1: 47]

• 맛있다[마싣따]/[마딛따]	이 음식이 정말 맛있습니다.
• 멋있다[머싣따]/[머딛따]	그 사람은 아주 멋있습니다.
• 되어[되어]/[되여]	그 분이 우리 반 선생님이 되었습니다.
• 우리의[우리의]/[우리에]	우리의 꿈은 매우 큽니다.
• 이오[이오]/[이요]	이것은 책이오.

제16과 식사 주문

● 여러분은 식당에서 어떻게 주문합니까?

CD1: 48

저는 친구와 같이 이 한식집에 자주 옵니다.
이 한식집은 아주 깨끗하고 조용합니다.
그리고 아주머니도 친절합니다.
저와 제 친구는 김치찌개를 아주 좋아합니다.
오늘도 우리는 김치찌개를 시킵니다.
"여기요, 김치찌개 이 인분 주십시오."
김치찌개는 일 인분에 4,000원입니다.
값도 싸고 참 맛있습니다.

어휘			
주문	order	注文	点菜(名词)
같이	together	一緒に	一起
깨끗하다	to be clean	清潔だ	干净
조용하다	to be quiet	静かだ	安静
아주머니	older woman	おばさん	大妈(对中年妇女的称呼)
친절하다	to be kind	親切だ	亲切
김치찌개	kim chee soup	キムチチゲ	泡菜汤
오늘	today	今日	今天
시키다	to order	頼む, 注文する	点(菜)
인분	serving for one person	(料理などの単位) …人分	人份
주다	to give	くれる	给
값	price	値段	价钱
싸다	to be cheap	安い	便宜

어휘 연습

○ [보기]에서 알맞은 어휘를 찾아 한 번만 쓰십시오.

[보기] 참 같이 잘 아주

❶ 우리 교실은 .... 깨끗하고 넓습니다.

❷ 오늘은 친구와 .... 도서관에 갑니다.

❸ 학생식당은 음식 값이 .... 쌉니다.

❹ 제 친구는 노래를 .... 합니다.

질문

1. 이 한식집은 어떻습니까?

2. 김치찌개를 시킵니다. 어떻게 말합니까?

질문

3. 맞으면 O, 틀리면 X 하십시오.

❶ 나는 혼자 한식집에 자주 갑니다. ( )

❷ 나와 친구는 김치찌개를 아주 좋아합니다. ( )

❸ 김치찌개는 이 인분에 8,000원입니다. ( )

4. 위 글을 읽고 다음의 그림과 문장을 연결하십시오.

❶  • • 김치찌개를 먹고 싶습니다.

❷  • • 음식이 아주 맛있습니다.

❸  • • 이 인분에 팔천 원입니다.

❹  • • 한식집은 깨끗합니다.

❺ 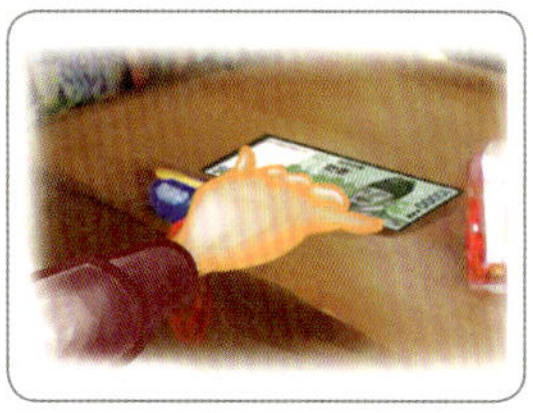 • • 여기요, 김치찌개 이 인분 주십시오.

더 공부해 봅시다

- 다음 광고를 보고 [보기]와 같이 주문하십시오.

[보기]
여기요, 프라이드 치킨 한 마리하고 음료수 한 병 주세요.

....

....

....

....

....

....

읽어 봅시다 [CD1: 49]

• 맏형[마텽]	저는 맏형이어서 동생들을 잘 돕습니다.
• 깨끗하고[깨끄타고]	이 식당은 깨끗하고 음식도 맛있습니다.
• 꽃하고[꼬타고]	공원에는 꽃하고 나무가 많습니다.
• 좋다[조타]	나는 한국음식이 좋다.
• 싫다[실타]	나는 매운 음식이 싫다.

13-16과 확인해 봅시다

1. 다음을 읽어 봅시다.

❶ 저는 과일을 좋아합니다.

❷ 이 식당 떡볶이 값이 얼마입니까?

❸ 갈비가 맛있지만 비쌉니다.

❹ 방이 크고 깨끗했습니다.

2. 다음 질문에 답하십시오.

1) 한식을 고르십시오. (　　　)

❶ 짬뽕　　❷ 순두부찌개

❸ 스테이크　　❹ 탕수육

2) 관계가 다른 것을 고르십시오. (　　　)

❶ 깨끗하다–더럽다　　❷ 싸다–비싸다

❸ 친절하다–조용하다　　❹ 좋아하다–싫어하다

3) 빈 칸에 알맞은 어휘를 쓰십시오.

❶ 불고기 4 (　　　　)하고 냉면 2 (　　　　)을 시킬까요?

❷ 날마다 커피를 2 (　　　　) 마십니다.

❸ 과일 가게에서 사과 5 (　　　　)와 배 3 (　　　　)를 삽니다.

4) 빈 칸을 채우십시오.

식당 이름	연세 식당			
음식 이름	김치찌개			
값	오천 원			
맛	맵습니다			

3. [보기]에서 골라서 빈 칸에 알맞은 문장을 쓰십시오.

[보기] 고기도 맛있고, 반찬도 맛있습니다.
24,000원입니다.
좋습니다. 저도 고기를 먹고 싶습니다.
감사합니다. 또 오십시오.
네, 콜라 한 병 주세요.
아니요, 많이 먹었습니다. 더 시키지 맙시다.

웨이 : 샤오밍 씨, 오늘은 삼겹살을 먹을까요?
샤오밍 : ....

(두 사람은 식당에 들어갑니다.)

웨이 : 여기요, 삼겹살 3인분 주세요. 그리고 상추도 많이 주세요.
종업원 : 음료수도 드릴까요?
웨이 : ....

(음식이 나옵니다.)

종업원 : 여기 있습니다. 맛있게 드세요.
웨이 : 음식 맛이 어떻습니까?
샤오밍 : ....
웨이 : 고기를 더 시킬까요?
샤오밍 : ....

(두 사람은 자리에서 일어납니다.)

웨이 : 오늘은 제가 사겠습니다.
샤오밍 : 고맙습니다. 다음에는 제가 사겠습니다.
웨이 : 음식 값이 모두 얼마입니까?
종업원 : ....
웨이 : 여기 있습니다. 잘 먹었습니다.
종업원 : ....

제17과 아침

● 지금 몇 시예요?

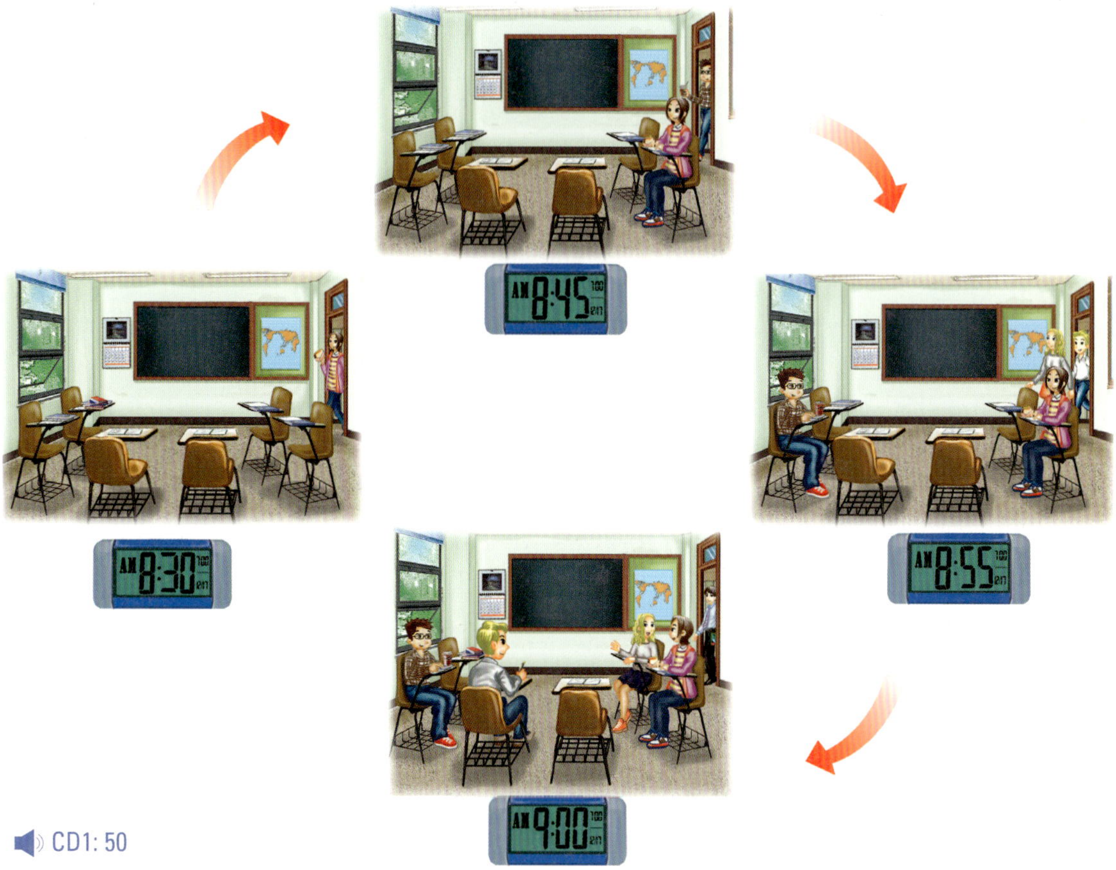

CD1: 50

8시 반입니다.

리에 씨가 들어옵니다.

리에 씨는 샌드위치를 먹습니다.

8시 45분에 웨이 씨가 옵니다.

웨이 씨는 커피를 마십니다.

8시 55분에 제임스 씨와 마리아 씨가 들어옵니다.

마리아 씨는 리에 씨 옆에 앉습니다.

두 사람이 같이 이야기합니다.

9시에 선생님이 들어오십니다.

수업을 시작합니다.

어휘

시	o'clock	(時刻を表す単位) …時	时,(几)点
들어오다	to come in	(中へ) 入ってくる	进来
샌드위치	sandwich	サンドイッチ	三明治
커피	coffee	コーヒー	咖啡
마시다	to drink	飲む	喝
분	minute	(時間の単位) …分	分, 分钟
앉다	to sit	座る	坐下
이야기하다	to speak	話す	说话
수업	class lesson	授業	上课
시작하다	to start	始める	开始

어휘 연습

○ 다음과 같이 연결하십시오. (한 번만 연결하십시오.)

❶ 교실에 •	• 들어옵니다.
❷ 학교에 •	• 앉습니다.
❸ 의자에 •	• 삽니다.
❹ 기숙사에 •	• 다닙니다.
❺ 밖에 •	• 나갑니다.

질문

1. 여기는 어디입니까?

2. 여기에 누가 먼저 들어옵니까? 순서대로 쓰십시오.

(   ) → (   ) → (제임스 씨와 마리아 씨) → (   )

3. 맞으면 O, 틀리면 X 하십시오.

❶ 제임스 씨가 샌드위치를 먹습니다. (   )

❷ 8시 30분에 리에 씨가 들어옵니다. (   )

❸ 리에 씨 앞에 마리아 씨가 앉습니다. (   )

4. 위 글을 읽고 빈 칸을 채우십시오.

몇 시에	누가 무엇을 합니까?
여덟 시 반에	리에 씨가 들어옵니다. 샌드위치를 먹습니다.

더 공부해 봅시다

○ 다음은 학습계획표입니다. 질문에 대답하십시오.

날짜	요일	1, 2교시	3교시(읽기)	4교시
7/24	월	4과 〈5〉	17과	쓰기 연습
25	화	5과 〈1〉	18과	듣기 연습
26	수	5과 〈2〉	19과	단어 복습
27	목	중간 시험(말하기)	중간 시험(읽기)	쓰기 복습
28	금	중간 시험(쓰기)	20과	중간 시험(듣기)

1. 25일 4교시에 무엇을 합니까?

2. 언제 단어 복습을 합니까?

3. 언제 무슨 시험을 봅니까? (모두 쓰십시오.)

읽어 봅시다 [CD1: 51]

- 앉습니다[안씀니다] 미선 씨가 자리에 앉습니다.
- 괜찮습니다[괜찬씀니다] 이제 감기가 나아서 괜찮습니다.
- 없습니다[업씀니다] 제 방에는 침대가 없습니다.
- 넓습니다[널씀니다] 월드컵 경기장이 넓습니다.
- 젊습니다[점씀니다] 그 사람은 건강하고 젊습니다.

제18과 10월

○ 오늘은 몇 월 며칠이에요? 무슨 요일이에요?

CD1: 52

오늘은 10월 1일 일요일입니다.
모레는 개천절입니다.
7일은 추석입니다.
그래서 6일부터 8일까지 쉽니다.
한국 사람들은 추석에 고향에 갑니다.
반 친구 미선 씨도 고향에 갑니다.
저도 미선 씨 고향에 같이 가겠습니다.
9일은 한글날입니다.
10월에는 동생 생일도 있습니다.
25일이 동생 생일입니다.

어휘			
월	month	(日付, 時間を表す単位) 月	月, 月份
모레	the day after tomorrow	あさって	后天
개천절	The National Foundation Day of Korea	開天節 (韓国の建国記念日)	开天节 (纪念韩国始祖檀君之日)
추석	Chuseok (Korean Thanksgiving)	秋夕	中秋节
부터	from	(時間を表す言葉について) …から	从…开始
까지	to	(時間を表す言葉について) …まで	到…为止
한글날	Hangeul Proclamation Day	ハングルの日	为纪念创立韩文字之日
동생	younger sibling	弟, 妹	妹妹, 弟弟
생일	birthday	誕生日	生日

어휘 연습

○ [보기]에서 알맞은 어휘를 골라서 쓰십시오.

[보기] 추석 주말 모레 생일

❶ 한국 사람들은 보통 (   )에 미역국을 먹습니다.

❷ 월요일부터 금요일까지는 수업이 있습니다.
(   )에는 수업이 없습니다.

❸ (   )은 한국의 명절입니다. 많은 사람들이 고향에 갑니다.

❹ 내일은 바쁘니까 (   ) 만납시다.

질문

1. 개천절은 몇 월 며칠입니까? (한글로 쓰십시오.)

2. 한국 사람들은 추석에 무엇을 합니까?

3. 맞으면 O, 틀리면 X 하십시오.

❶ 추석에 수업이 없습니다. ( )

❷ 나는 추석에 내 고향에 가겠습니다. ( )

❸ 개천절은 화요일입니다. ( )

4. 위 글을 읽고 빈 칸을 채우십시오.

10월

일	월	화	수	목	금	토
1	2	3 ( )	4	5	6	7 ( )
8	9 한글날	10	11	12	13	14
15	16	17	18	19	20	21
22	23	24	25 ( )	26	27	28
29	30	31				

더 공부해 봅시다

○ 다음 글을 읽고 달력과 같게 고치십시오.

7월

일	월	화	수	목	금	토
	1	2	3	4	5	6 친구 생일
7	8 단어 시험	9	10	11	12 아르바이트	13 수영
14	15	16	17 제헌절	18	19 아르바이트	20
21 등산	22	23	24 (　　　)	25	26 아르바이트	27
28	29	30	31 방학			

오늘은 7월 4일입니다. 내일은 친구 생일입니다. → 모레는
친구 집에서 파티를 하겠습니다.
저는 친구에게 생일카드와 선물을 주겠습니다.
다음 주 월요일에는 단어 시험이 있습니다.
주말에 열심히 공부하겠습니다.
13일에는 친구들과 같이 축구장에서 축구를 하겠습니다.
15일은 제헌절입니다.
그 날은 수업이 없습니다.
친구와 같이 서울 시내를 구경하겠습니다.
21일 일요일에는 방친구과 같이 바다에 가고 싶습니다.
저는 목요일마다 아르바이트가 있습니다.
영어를 가르칩니다. 힘들지만 재미있습니다.
30일부터 방학입니다.
방학에 친구들과 같이 제주도에 가고 싶습니다.

읽어 봅시다 [CD1: 53]

- 같이[가치]　　식당에 같이 갑시다.
- 끝이[끄치]　　공부는 끝이 없습니다.
- 햇볕이[핻뼈치]　　햇볕이 참 따뜻합니다.
- 맏이[마지]　　저는 형제 중 맏이입니다.
- 해돋이[해도지]　　동해의 해돋이가 아름답습니다.

제19과 나의 하루

● 여러분은 오늘 무엇을 해요?

CD1: 54

오늘은 금요일입니다.
저는 아침 일곱 시부터 여덟 시까지 수영을 합니다.
아홉 시부터 오후 한 시까지는 한국어 수업이 있습니다.
오늘은 수업이 끝나고 학생식당에서 점심을 먹겠습니다.
점심을 먹고 회사에 가겠습니다.
두 시부터 여섯 시까지 회사에서 열심히 일하겠습니다.
여섯 시 반에 약속이 있습니다.
명동에서 친구를 만나겠습니다.
친구와 같이 저녁을 먹고 여덟 시에 영화를 보겠습니다.
이야기도 많이 하겠습니다.

어휘			
하루	a day	一日	一天
금요일	Friday	金曜日	星期五
수영	swim	水泳	游泳
한국어	Korean Language	韓国語	韩国语
끝나다	to finish, to be over	終わる	结束
학생식당	student cafeteria	学生食堂	学生食堂
점심	lunch	昼食	午饭
약속	appointment	約束	约会
영화	movie	映画	电影
보다	to watch	見る	看
많이	a lot	たくさん	多(副词)

어휘 연습

○ 다음과 같이 연결하십시오.

❶ 극장 •	• 영화를 봅니다.
❷ 은행 •	• 편지를 보냅니다.
❸ 도서관 •	• 돈을 찾습니다.
❹ 서점 •	• 책을 빌립니다.
❺ 우체국 •	• 책을 삽니다.

질문

1. 위 글은 무슨 이야기입니까?

질문

2. 나는 오늘 무엇을 합니까? (　　)에 순서대로 번호를 쓰십시오.

❶ 한국어 수업을 합니다. (　　)

❷ 영화를 봅니다. (　　)

❸ 명동에서 친구를 만납니다. (　　)

❹ 수영을 합니다. (1)

❺ 회사에서 일합니다. (　　)

3. 맞으면 O, 틀리면 X 하십시오.

❶ 오늘 네 시간 수업이 있습니다. (　　)

❷ 저녁을 먹고 명동에 가겠습니다. (　　)

❸ 나는 오늘 일식집에서 점심을 먹겠습니다. (　　)

4. 위 글을 읽고 수첩에 하루 일과를 쓰십시오.

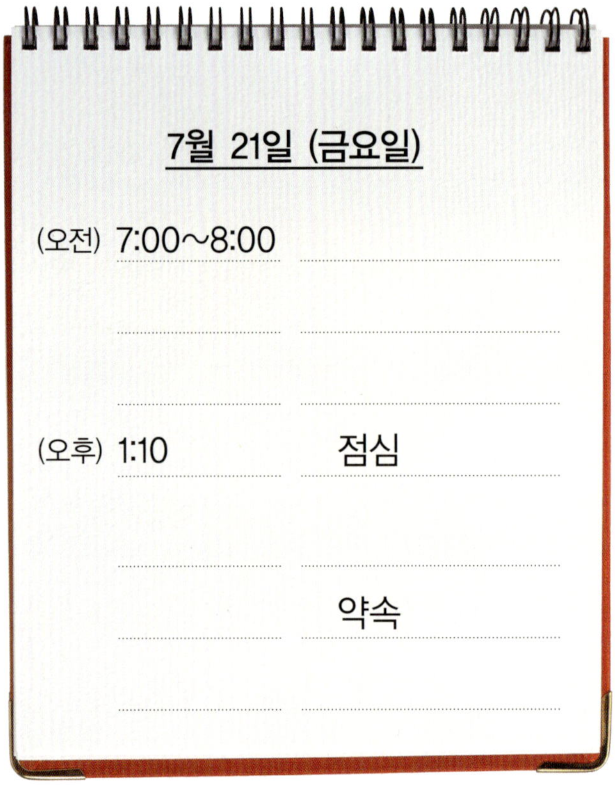

더 공부해 봅시다

- 친구와 묻고 대답하십시오.

❶ 가 : 보통 몇 시에 일어납니까?
나 : ……………………

❷ 가 : 오전에는 무엇을 합니까?
나 : ……………………

❸ 가 : 오늘 몇 시에 어디에서 점심을 먹겠습니까?
나 : ……………………

❹ 가 : 오후에는 무엇을 하겠습니까?
나 : ……………………

❺ 가 : 저녁을 먹고 무엇을 하겠습니까?
나 : ……………………

읽어 봅시다 [CD1: 55]

- 약속[약쏙] 오늘 오후에 친구와 약속이 있습니다.
- 학생[학쌩] 한국어학당에는 여러 나라의 학생들이 있습니다.
- 비빔국수[비빔국쑤] 저는 비빔국수를 좋아합니다.
- 몇 사람[멷싸람] 오늘 몇 사람이 옵니까?
- 하십시오[하십씨오] 이 일을 조금 서둘러서 하십시오.

제20과 일기

여러분은 일기를 씁니까? 일기에 무엇을 씁니까?

CD1: 56

4월 20일 일요일

오늘은 좀 늦게 일어났습니다.
우유를 마시고 집 근처 학교 운동장에 갔습니다.
거기서 30분쯤 달렸습니다.
집에서 샤워를 하고 음악을 들었습니다.
1시에 백화점 앞에서 여자 친구를 만났습니다.
백화점에는 사람들이 많았습니다.
우리는 백화점 9층 식당에서 냉면을 먹고, 옷을 구경했습니다.
여자 친구는 치마와 구두를 샀습니다.
치마가 좀 비쌌지만 아주 예뻤습니다.
저는 백화점 지하에서 딸기와 오렌지를 샀습니다.

어휘

일기	diary	日記	日记
좀	a little	少し	稍微，有点
늦게	late	遅く	晚
일어나다	to get up	起きる	起床
우유	milk	牛乳	牛奶
운동장	gymnasium, playground	運動場	操场
거기서	there	そこで	在那里
쯤	about	(だいたいの 程度を表す語) …ぐらい, …程	左右
달리다	to run	走る	跑
샤워하다	to shower	シャワーする	淋浴
음악	music	音楽	音乐
듣다	to listen	聞く	听
백화점	department store	百貨店	百货商店
여자 친구	girlfriend	ガールフレンド、彼女	女朋友
만나다	to meet	会う	见面
사람	people	人	人
냉면	cold noodles	冷麺	冷面
구경하다	to look around	見てまわる, 見物する	观看
치마	skirt	スカート	裙子
구두	shoes	靴	皮鞋
사다	to buy	買う	买
비싸다	to be expensive	高い	贵
예쁘다	to be pretty	きれいだ, 美しい	漂亮
지하	basement	地下	地下
딸기	strawberry	いちご	草莓
오렌지	orange	オレンジ	橙子

어휘 연습

- 빈 칸에 알맞은 말을 쓰십시오.

4월

	일	월	화	수	목	금	토
			1	2	3	4	5
	6	7	8	9	10	11	12
(①)	13	14	15	16	17	18	19
(②)	20 (④)	21 (⑤)	22 (오늘)	23 (⑥)	24 (⑦)	25	26
(③)	27	28	29	30		3월  (⑧)	5월  (⑨)

① (　　　　　)　　⑥ (　　　　　)

② (　　　　　)　　⑦ (　　　　　)

③ (　　　　　)　　⑧ (　　　　　)

④ (　　　　　)　　⑨ (　　　　　)

⑤ (　　　　　)

질문

1. 이 글은 무엇입니까?

❶ 초대장 ❷ 편지 ❸ 일기 ❹ 카드

2. 나는 오늘 무엇을 했습니까? (   )에 순서대로 번호를 스십시오.

❶ 과일 사기 (   ) ❷ 달리기 (1) ❸ 음악 듣기 (   )

❹ 샤워하기 (   ) ❺ 여자 친구 만나기 (   )

3. 맞으면 O, 틀리면 X 하십시오.

❶ 나는 오늘 일찍 일어났습니다. (   )

❷ 여자 친구는 오늘 구두를 샀습니다. (   )

❸ 아침에 냉면을 먹었습니다. (   )

4. 위 글을 읽고 [보기]와 같이 질문을 쓰십시오.

[보기] 가 : 오늘은 몇 월 며칠입니까?
나 : 4월 20일입니다.

❶ 가 : ....?
나 : 금요일입니다.

❷ 가 : ....?
나 : 달리기를 했습니다.

❸ 가 : ....?
나 : 치마와 구두를 샀습니다.

❹ 가 : ....?
나 : 좀 비쌌지만 예뻤습니다.

더 공부해 봅시다

- 여러분은 어제 무엇을 했습니까? 일기를 쓰십시오.

년 월 일 요일

읽어 봅시다 [CD1: 57]

/ㅏ/, /ㅗ/ + 았

- 일어나다 – 일어났습니다 저는 오늘 일찍 일어났습니다.
- 가다 – 갔습니다 아침에는 학교에 갔습니다.
- 사다 – 샀습니다 백화점에서 바지를 샀습니다.
- 보다 – 봤습니다 주말에 영화를 봤습니다. / 보았습니다.
- 오다 – 왔습니다 지난 달에 한국에 왔습니다.

/ㅓ, ㅜ, ㅡ, ㅣ / + 었

- 건너다 – 건넜습니다 횡단보도를 건넜습니다.
- 배우다 – 배웠습니다 새로운 단어를 배웠습니다.
- 듣다 – 들었습니다 친구가 부르는 소리를 들었습니다.
- 예쁘다 – 예뻤습니다 오늘 산 치마가 예뻤습니다.
- 이다 – 이었습니다 작년에는 고등학생이었습니다.

/하/ + 였 → 했

- 하다 – 했습니다 백화점에서 구경을 했습니다.
- 공부하다 – 공부했습니다 도서관에서 열심히 공부했습니다.
- 말하다 – 말했습니다 그 일을 친구에게 말했습니다.
- 초대하다 – 초대했습니다 친구들을 저희 집에 초대했습니다.
- 깨끗하다 – 깨끗했습니다 오늘은 친구 방이 깨끗했습니다.

17-20과 확인해 봅시다

1. 다음을 읽어 봅시다.

❶ 학생들이 의자에 앉습니다.

❷ 내일 같이 영화를 볼까요?

❸ 오늘 우리 교실에 학생들이 열두 명 있습니다.

❹ 아침 7시에 일어났습니다.

2. 다음 질문에 답하십시오.

1) 관계가 <u>다른 것</u>을 고르십시오. (　　　)

❶ 올라가다 – 내려가다　　❷ 타다 – 내리다

❸ 서다 – 앉다　　❹ 보다 – 구경하다

2) '하다' 와 같이 쓸 수 <u>없는</u> 말을 고르십시오. (　　　)

❶ 시험　　❷ 숙제　　❸ 수영　　❹ 복습

3) 무슨 날입니까? 쓰십시오.

❶ 음력 8월 15일, 고향, 보름달 – ....

❷ 케이크, 카드, 미역국, 선물 – ....

4) [보기]에서 알맞은 어휘를 골라서 알맞게 쓰십시오.

[보기] 좋다	타다	보다	하다	많다	재미있다	만나다

어제 오전에는 집에서 숙제를 (　　했습니다　　).

2시에 공원 앞에서 여자 친구를 (　　　　　　　　).

공원에는 사람들이 (　　　　　　　　).

한 시간쯤 여자 친구와 같이 자전거를 (   ).

기분이 (   ).

4시부터 6시까지 액션 영화를 (   ).

영화가 (   ).

3. 다음 표현을 사용하여 일기를 완성하십시오.

일어나다	차를 마시다	영화를 보다	이야기를 하다
숙제를 하다	컴퓨터를 하다	운동을 하다	친구를 만나다
책을 읽다	텔레비전을 보다	물건을 사다	공부를 하다
쉬다	음악을 듣다		

11월 15일 수요일

오늘은 일찍 일어났습니다.

제21과 생일 선물

● 친구의 생일입니다. 여러분은 무엇을 사겠습니까?

CD2: 01

내일은 제 남자친구 생일입니다.
오늘 저는 생일 선물을 사러 가겠습니다.
제 남자친구는 음악 감상과 책 읽기를 좋아합니다.
그래서 재미있는 소설책과 음악 CD를 남자 친구에게 주고 싶습니다.
학교 근처 가게에서 음악 CD를 사겠습니다.
그 가게는 물건이 많고 값도 비싸지 않습니다.
그 가게 옆에 서점이 있습니다.
저는 서점에서 소설책도 한 권 사겠습니다.

어휘

내일	tomorrow	明日	明天
남자 친구	boyfriend	ボーイフレンド, 彼氏	男朋友
선물	gift	プレゼント, 贈り物	礼物
음악 감상	listening to music	音楽鑑賞	音乐鉴赏
책 읽기	reading books	本を読むこと	读书
음악 CD	music CD	音楽CD	音乐CD
재미있다	to be interesting	おもしるい, 興味深い	有意思
소설책	novel	小説	小说
서점	bookstore	書店	书店
가게	store	店	小商店
물건	item	物	物品
권	counting unit for books	(本を数える単位) 冊	本

어휘 연습

○ 다음과 같이 연결하고 알맞은 어휘를 쓰십시오.

옷 •
책 •
꽃 •
빵 •
떡 •
술 •
노래 •

• 가게 : 옷가게, ________, ________, ________

• 집 : 빵집, ________, ________, ________

• 방 : 책방, ________

질문

1. 나는 무엇을 사겠습니까?

2. 나는 어떤 책을 사겠습니까?

3. 맞으면 O, 틀리면 X 하십시오.

❶ 내 남자 친구는 노래 듣기를 좋아합니다. ( )

❷ 학교 근처 가게에는 물건이 많습니다. ( )

❸ 서점은 가게 앞에 있습니다. ( )

4. 위 글을 읽고 다음 문장을 완성하십시오.

❶ 내 남자친구 생일은 ……………………

❷ 나는 생일 선물을 사러 ……………………

❸ 내 친구 취미는 ……………………

❹ 학교 근처 가게는 ……………………

❺ 내일은 …………………… 주러 가겠습니다.

더 공부해 봅시다

○ 다음 표를 채우고 [보기]와 같이 친구와 이야기하십시오.

	누구에게	무슨 선물을 줍니까?
어버이날 (5월 8일)		
크리스마스 (12월 25일)		
밸런타인데이 (2월 14일)		

[보기] 가 : 어버이날에 누구에게, 무슨 선물을 줍니까?
나 : 부모님께 빨간색 카네이션 꽃을 드립니다.

읽어 봅시다 [CD2: 02]

• 모레, 제, 생일	모레는 제 생일입니다.
• 가게, 가겠습니다	물건을 사러 가게에 가겠습니다.
• 내일, 생일	내일은 친구 생일입니다.
• 재미있는	재미있는 영화를 보고 싶습니다.
• 집에, 개미	집에 개미가 많아서 걱정입니다.

제22과 CD와 소설책

● 가게에서 물건을 삽니다. 여러분은 어떻게 말합니까?

CD2: 03

저는 수업이 끝나고 선물을 사러 갔습니다.
"저어, 외국 사람이 좋아하는 한국 노래 CD 좀 보여 주세요."
"이 CD가 어때요? 요즘 인기 있는 노래도 있어요."
그 CD에는 쉬운 노래가 많았습니다.
저는 그 CD를 샀습니다.
그리고 가게 옆에 있는 서점에도 갔습니다.
서점에는 사람이 많았습니다.
여기저기 사고 싶은 책도 많았습니다.
저는 쉽고 재미있는 소설책을 한 권 샀습니다.

어휘			
외국 사람	foreigner	外国人	外国人
보이다	to show	見える	拿给…看
어떻다	be how	どうだ, どんなふうだ	怎么样
인기(가) 있다	to be popular	人気(が) ある	有人气
쉽다	to be easy	易しい, 簡単だ	容易
여기저기	here and there	あちらこちら, あちこち	到处

어휘 연습

○ 다음과 같이 알맞은 어휘를 골라서 쓰십시오.

[보기] 쉽다 어렵다 재미있다 재미없다 비싸다 싸다
예쁘다 크다 작다 무섭다 조용하다 깨끗하다

❶ 책 : 쉽다, 어렵다, 재미있다, 재미없다, 비싸다, 싸다, 크다

❷ 방 : ....

❸ 영화 : ....

❹ 꽃 : ....

연세 한국어 읽기 1

질문

1. 언제 선물을 사러 갔습니까?

2. 나는 어떤 CD를 찾았습니까?

3. 맞으면 O, 틀리면 X 하십시오.

❶ 서점에서 CD를 샀습니다. (　　)

❷ CD에는 쉬운 노래가 많았습니다. (　　)

❸ 쉬운 소설책과 재미있는 소설책을 샀습니다. (　　)

4. 위 글을 다음 대화로 바꾸고 친구와 이야기하십시오.

주인 : 어서 오십시오. 뭘 찾으십니까?

손님 : 저어, 음악 CD를 사고 싶습니다.

주인 : 어떤 CD를 찾습니까?

손님 : ....

주인 : ....

손님 : ....

주인 : ....

더 공부해 봅시다

○ 읽고 알맞게 연결하십시오.

❶ 가 : 문구점에서 무엇을 사겠습니까?
나 : 저는 싸고 좋은 연필을 사겠습니다.

❷ 가 : 이건 어떻습니까?
과일로 만든 것입니다.
나 : 그건 좀 비쌉니다.

❸ 가 : 여자 친구 선물을 사고 싶습니다.
나 : 요즘 유행하는 귀고리는 어떻습니까?

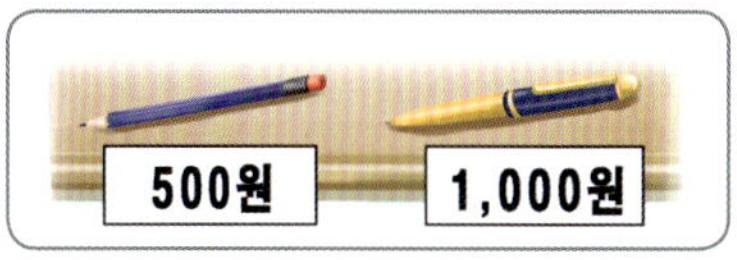

읽어 봅시다 [CD2: 04]

- 많아요[마나요] / [만하요]
  이 가게에는 예쁜 옷이 많아요.
- 많았습니다[마낟씀니다] / [만핟씀니다]
  서점에 사람이 많았습니다.
- 않았습니다[아낟씀니다] / [안핟씀니다]
  사람들이 걱정을 하지 않았습니다.
- 싫어요[시러요] / [실허요]
  저는 매운 음식이 싫어요.
- 싫어합니다[시러함니다] / [실허함니다]
  저는 담배 냄새를 싫어합니다.

제23과 꽃집

● 언제 꽃을 삽니까? 꽃값이 어떻습니까?

CD2: 05

저는 오후에 꽃을 사러 꽃집에 갔습니다.
꽃집에는 여러 가지 예쁜 꽃이 있었습니다.
빨간색 카네이션 꽃이 많았습니다.
사람들은 빨간색 카네이션 꽃을 많이 샀습니다.
저도 빨간색 카네이션 꽃을 두 다발 샀습니다.
꽃은 한 다발에 6,000원이었습니다.
꽃값이 조금 비쌌습니다.
주인 아주머니는 1,000원을 깎아 주셨습니다.
기분이 좋았습니다.
내일은 부모님께 이 꽃을 드리겠습니다.

어휘

오후	afternoon	午後	下午
꽃집	flower shop	花屋	花店
빨간색	red	赤色	红色
카네이션	carnation	カーネーション	康乃馨
다발	a bundle	(束ねたものを数える単位)…束	(花)束
원	Korean money (Won)	ウォン	元
주인	owner	主人	主人
깎다	to cut the price	(代金を) まける	(价钱)便宜, 削减
기분	feeling	気分	心情
드리다	to give (with high respect)	差し上げる	给(주다 的谦称)

어휘 연습

○ 다음과 같이 연결하십시오.

 • ········· • 무궁화

 • • 진달래

 • • 장미

 • • 벚꽃

 • • 카네이션

 • • 튤립

 • • 개나리

질문

1. 나는 무슨 꽃을 샀습니까?

2. 내일은 무슨 날일까요?

3. 맞으면 O, 틀리면 X 하십시오.

❶ 나는 여러 가지 꽃을 샀습니다. (　　)

❷ 꽃은 한 다발에 육천 원이었습니다. (　　)

❸ 꽃값이 만 원이었습니다. (　　)

4. 위 글을 다음 대화로 바꾸고 친구와 이야기하십시오.

가 : 뭘 찾으세요?

나 : ....

가 : 무슨 색을 찾으세요?

나 : ....

가 : ....

나 : 두 다발 주세요.

가 : 여기 있어요.

나 : 얼마예요?

가 : ....

나 : 조금 비싸요. 깎아 주세요.

가 : ....

나 : 네, 여기 있어요.

가 : 감사합니다. 또 오세요.

더 공부해 봅시다

여러분 나라의 물건 값은 어떻습니까? 다음 표를 채우고 이야기해 봅시다.

비싼 물건		싼 물건	
물건	값	물건	값

읽어 봅시다 [CD2: 06]

- 꽃[꼳] 아름다운 꽃
- 꽃이[꼬치] 꽃이 아주 예쁩니다.
- 꽃을[꼬츨] 꽃을 보면 기분이 좋습니다.
- 꽃집[꼳찝] 꽃집에서 장미를 샀습니다.
- 꽃값[꼳깝] 꽃값이 비싸지 않았습니다.
- 꽃잎[꼰닙] 꽃잎이 떨어져서 조금 슬펐습니다.

제24과 동대문시장

● 여러분은 어디에서 물건을 삽니까?

CD2: 07

저는 지난 주말에 옷을 사러 동대문시장에 갔습니다.
동대문시장에는 옷가게가 많았습니다.
먼저 까만색 코트를 하나 샀습니다.
코트는 8만 5천원이었습니다.
조금 비쌌습니다.
그리고 모자를 파는 가게에도 갔습니다.
따뜻한 털모자와 장갑을 샀습니다.
모자는 5천원이고, 장갑은 8천원이었습니다.
값이 비싸지 않았습니다.
날씨가 좀 추웠지만 기분은 좋았습니다.

어휘

한국어	English	日本語	中文
동대문시장	Dongdaemoon marcket	東大門市場	东大门市場
지난	previous, last	前の	上个
주말	weekend	週末	周末
옷	clothes	服	衣服
옷가게	clothes shop	服屋	卖衣服的小店
먼저	firstly	まず, はじめに	首先
까만색	black	黒色	黑色
코트	coat	コート	外套
따뜻하다	to be warm	暖かい	温暖
털	fur	毛, 毛糸	毛
모자	hat, cap	帽子	帽子
장갑	gloves	手袋	手套
날씨	weather	天気	天气
춥다	to be cold	寒い	冷

어휘 연습

○ 다음과 같이 연결하십시오.

하얀색 • • ❶  • • 들다

까만색 • • ❷  • • 끼다

노란색 • • ❸  • • 신다

빨간색 • • ❹  • • 입다

파란색 • • ❺  • • 쓰다

질문

1. 나는 왜 시장에 갔습니까?

2. 나는 시장에서 무엇을 샀습니까?

3. 맞으면 O, 틀리면 X 하십시오.

❶ 까만색 옷이 조금 비쌌습니다. (   )

❷ 모자와 장갑은 모두 만 삼천 원이었습니다. (   )

❸ 그날은 날씨가 춥지 않았습니다. (   )

4. 위 글을 읽고 [보기]와 같이 묻고 대답하십시오.

[보기] 가 : 지난 주말에 어디에 갔습니까?
나 : 시장에 갔습니다.

❶ 가 : ______________________?
나 : ______________________

❷ 가 : ______________________?
나 : ______________________

❸ 가 : ______________________?
나 : ______________________

❹ 가 : ______________________?
나 : ______________________

더 공부해 봅시다

- 여러분도 한국에서 물건을 샀습니까? 위 글과 같이 쓰십시오.

저는 ....

읽어 봅시다 [CD2: 08]

• 시장	저는 시장에 자주 갑니다.
• 서로, 자기소개	서로 자기소개를 하십시오.
• 소리	소리가 작아서 잘 들리지 않습니다.
• 시장, 샀습니다[삳씀니다]	시장에서 겨울 옷을 샀습니다.
• 비쌌습니다[비싿씀니다]	구두가 조금 비쌌습니다.
• 쓰레기, 쓰레기통	쓰레기는 쓰레기통에 넣으십시오.

21-24과 확인해 봅시다

1. 다음을 읽어 봅시다.

❶ 제가 내일 친구에게 재미있는 책을 주겠습니다.

❷ 우리 하숙집에는 재미있는 친구들이 많아요.

❸ 어제 꽃집에서 꽃을 한 송이 샀어요. 꽃값이 비쌌어요.

❹ 싸고 좋은 사전을 사고 싶어요.

2. 다음 질문에 답하십시오.

1) 관계가 다른 것을 고르십시오. (　　　)

❶ 옷 – 입다　　❷ 가방 – 비싸다

❸ 구두 – 신다　　❹ 모자 – 쓰다

2) 관계가 틀린 것을 고르십시오. (　　　)

❶ 책이 쉽다 – 어렵다　　❷ 교실이 깨끗하다 – 더럽다

❸ 영화가 무섭다 – 조용하다　　❹ 방이 크다 – 작다

3) 빈 칸에 알맞은 어휘를 쓰십시오.

❶ 저는 책읽기를 좋아합니다. 그래서 책을 사러 (　　　　)에 가겠습니다.

❷ 오늘은 친구 생일입니다. 장미꽃을 열 (　　　　) 샀습니다.

❸ 주인 아저씨가 물건 값을 (　　　　) 주셨습니다. 기분이 좋았습니다.

4) 다음 물건을 어떻게 셀까요? 어휘를 골라서 쓰십시오.

사과	주스	맥주	오징어	구두	볼펜	책상	컴퓨터
의자	꽃	공책	자동차	양말	연필	고양이	

개: ……………………………………

병: ……………………………………

권: ……………………………………

대　:

컬레 :

송이 :

마리 :

자루 :

3. 다음 글을 읽고 질문에 답하십시오.

오늘은 아주 특별한 날입니다.
저는 친구와 저녁 7시쯤 백화점 근처에서 만날 약속을 했습니다.
저는 친구에게 줄 선물을 사고 싶었습니다.
"저기요, 여자 친구에게 줄 귀걸이를 사고 싶어요."
"이 귀걸이는 어때요? 요즘 가장 인기가 있는 거예요."
그 귀걸이는 예뻤지만 조금 컸습니다.
저는 가게에서 여러 가지를 구경했습니다.
옆에 작고 예쁜 반지가 있었습니다.
"이 커플링은 어때요? 여자 친구와 같이 끼세요."
"그래요? 얼마예요?"
"130,000원이에요."
조금 비쌌지만 기분은 좋았습니다.
지금 산 반지를 빨리 주고 싶습니다.

❶ 나는 무엇을 사고 싶었습니까?

❷ 나는 어떤 물건을 샀습니까?

❸ 물건 값은 얼마였습니까? 한글로 쓰십시오.

제25과 한국어학당

● 여러분은 한국어학당에 어떻게 옵니까?

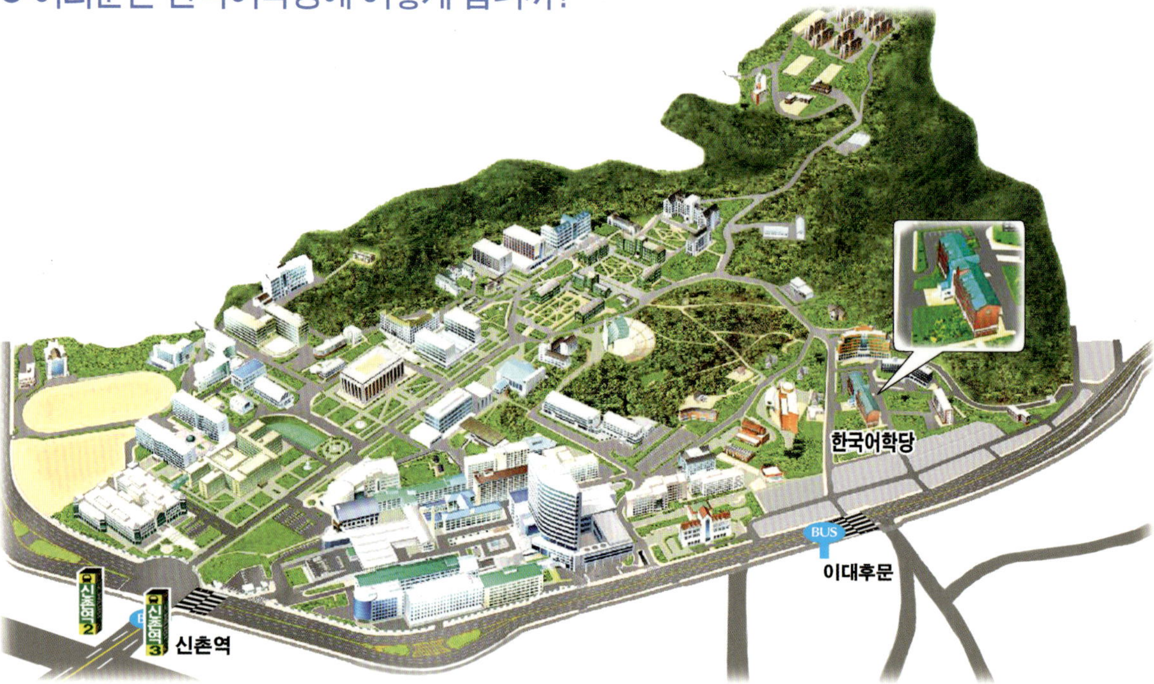

CD2: 09

브라운 씨는 한국어학당에 가는 길을 몰랐습니다.
그래서 인터넷에서 찾았습니다.

한국어학당 오는 길

- 지하철 2호선 신촌역 하차 – 3번 출구
- 7024번 버스 – 이대후문 하차

조금 어려웠습니다.
한국어학당에 전화를 했습니다.
"2호선 신촌역에서 내리세요. 3번 출구로 나오세요.
7024번 초록색 버스를 타세요. 그리고 이대후문에서 내리세요.
횡단보도를 건너서 연세대학교 쪽으로 올라오세요.
빨간색 큰 건물이 보입니다. 바로 거기가 한국어학당입니다."

어휘

어휘	English	日本語	中文
한국어학당	the Korean Language Institute	韓国語学堂	韩国语学堂
인터넷	internet	インターネット	因特网
하차	get out	下車	下车
출구	exit	出口	出口
이대후문	edae back gate	梨大後門	梨花女子大学后门
초록색	green	緑色	绿色
내리다	to get off	降りる	下(车)
횡단보도	crosswalk	横断步道	人行横道
건너다	to cross	渡る	过, 越过
쪽	towards	方, 方面	方向
올라오다	to go up	上がってくる	上来
건물	building	建物	建筑
바로	right	ちょうど	正是

어휘 연습

- [보기]에서 알맞은 어휘를 골라서 쓰십시오.

[보기] 역 정류장 공항 터미널 항구

❶ 지하철 : 역

❷ 비행기 : ....

❸ 기차 : ....

❹ 고속버스 : ....

❺ 배 : ....

❻ 택시 : ....

❼ 버스 : ....

질문

1. 여기는 2호선 시청역입니다. 한국어학당에 가고 싶습니다.
어느 역에서 내립니까?

2. 내려서 몇 번 버스를 탑니까?

3. 맞으면 O, 틀리면 X 하십시오.

❶ 지하철에서 4번 출구로 나옵니다. (　　)

❷ 버스에서 내려서 횡단보도를 건넙니다. (　　)

❸ 한국어학당은 파란색 건물입니다. (　　)

4. 다음을 읽고 순서대로 번호를 쓰십시오.

❶ 횡단보도를 건너서 연세대학교 쪽으로 올라오세요.

❷ 3번 출구로 나오세요.

❸ 그리고 이대후문에서 내리세요.

❹ 2호선 신촌역에서 내리세요.

❺ 7024번 초록색 버스를 타세요.

❻ 바로 거기가 한국어학당입니다.

❼ 빨간색 큰 건물이 보입니다.

오는 순서

(4) → (　　) → (　　) → (　　) → (　　) → (　　) → (　　)

더 공부해 봅시다

- 다음 글을 읽고 위 글과 같이 간단하게 쓰십시오.

5호선 오목교역에서 내리세요.
3번 출구로 나오세요.
5012번 초록색 버스를 타세요.
그리고 목동 8단지에서 내리세요.
횡단보도를 건너세요.
회색 큰 건물이 보입니다.
바로 거기가 출입국관리사무소입니다.

__________ 오시는 길

- ………………………………
- ………………………………
- ………………………………
- ………………………………

읽어 봅시다 [CD2: 10]

[ㅚ] – 횡단보도　왼쪽　외국어　기회　사회

- 횡단보도를 건너서 왼쪽으로 가십시오.
- 외국어를 배울 기회가 많지 않았습니다.

[ㅟ] – 위　위로하다　쉬다　뛰다　더위　추위

- 시험에 떨어진 친구를 위로합니다.
- 쉬는 시간이니까 쉽시다.

제26과 정동극장

● 여러분은 길을 모르면 어떻게 합니까?

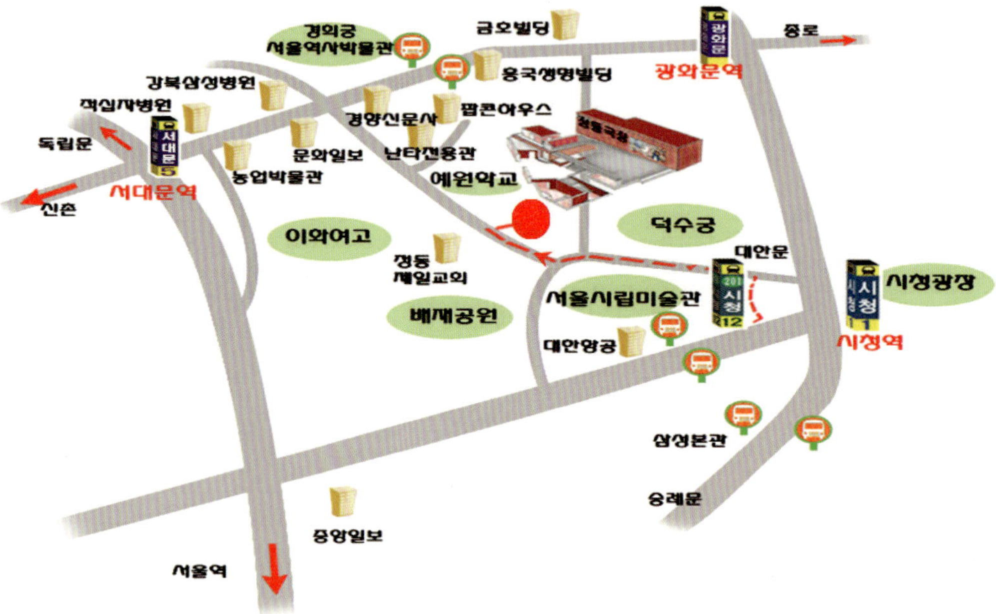

CD2: 11

어제 저는 친구와 공연을 보러 정동극장에 갔습니다.
신촌에서 지하철을 탔습니다.
지하철은 사람이 많아서 조금 복잡했습니다.
우리는 시청역에서 내렸습니다.
12번 출구로 나가서 서울 시립미술관 쪽으로 걸어갔습니다.
지하철역에서 정동극장까지는 멀지 않았습니다.
나무와 꽃이 많아서 길이 아름다웠습니다.
데이트를 하는 사람이 많았습니다.

어휘			
정동극장	Jung Dong Theater	貞洞劇場	贞洞剧场
공연	a play	公演	演出
시청	City Hall	市庁	市政府
시립미술관	City Art Center	市立美術館	市立美术馆
걸어가다	to walk	歩いていく	走路去
멀다	to be far	遠い	远
데이트를 하다	to go on a date	デートをする	约会

어휘 연습

○ 다음과 같이 연결하십시오.

❶ 사진을 찍습니다 • ··········	• 사진관
❷ 그림을 봅니다 •	• 박물관
❸ 옛 물건을 구경합니다 •	• 도서관
❹ 책을 빌립니다 •	• 대사관
❺ 비자를 받습니다 •	• 미술관

질문

1. 나는 어제 어디에, 왜 갔습니까?

2. 지하철은 어땠습니까?

질문

3. 맞으면 O, 틀리면 X 하십시오.

❶ 시청에서 지하철을 탔습니다. ( )

❷ 극장까지 혼자 갔습니다. ( )

❸ 꽃과 나무가 많아서 예뻤습니다. ( )

4. 위 글을 읽고 [보기]와 같이 묻고 대답하십시오.

[보기] 가 : 어제 무엇을 했습니까?
나 : 공연을 보러 정동 극장에 갔습니다.

❶ 가 : ....?
나 : ....

❷ 가 : ....?
나 : ....

❸ 가 : ....?
나 : ....

❹ 가 : ....?
나 : ....

더 공부해 봅시다

○ 다음 약도를 보고 알맞은 장소를 찾아 빈칸에 쓰십시오.

❶ 광화문역에서 내리십시오.

2번 출구로 나가서 횡단보도를 건너십시오.

한식집이 있습니다.

한식집 근처에 .... 이/가 있습니다.

❷ 272번 버스를 타십시오.

신문사 앞에서 내리십시오.

버스에서 내려서 시청 쪽으로 가십시오.

공원이 있습니다.

공원 옆에 .... 이/가 있습니다.

읽어 봅시다 [CD2: 12]

• 복잡했습니다[복짜팬씀니다]	주말이어서 신촌이 아주 복잡했습니다.
• 연습하는[연스파는]	발음을 연습하는 것은 재미있습니다.
• 입학[이팍]	언제 대학교에 입학했습니까?
• 좁혀서[조펴서]	자리가 없으니까 좁혀서 앉읍시다.
• 넓혔습니다[널편씀니다]	길이 좁아서 조금 넓혔습니다.

제27과 버스

여러분은 언제 버스를 탑니까?

CD2: 13

지난 수요일에 우리는 그림을 보러 인사동에 갔습니다.
학교 앞 버스 정류장에서 272번 버스를 탔습니다.
"아저씨, 이 버스 인사동에 가지요?
인사동을 잘 모르니까 좀 가르쳐 주세요."
"네, 안내방송을 하니까 걱정하지 마세요."
우리는 버스에 빈 자리가 있어서 그 앞으로 갔습니다.
그렇지만 그 자리는 노약자석이어서 앉지 않았습니다.
조금 후에 안내방송이 나왔습니다.
"다음 정류장은 인사동입니다. 내리실 분은 미리 문 쪽으로 나오십시오."
우리는 버스에서 내렸습니다.
학교에서 인사동까지 버스로 15분쯤 걸렸습니다.

어휘			
그림을 보다	to look at paintings	絵を見る	看画
인사동	Insadong	仁寺洞	仁寺洞
안내방송	broadcast inside	案内放送	指南广播
걱정하다	to worry	心配する	担心
빈 자리	open seat	空席	空座位
노약자석	the seniors and disabled seat, the seat for the old and feeble	優先座席	老弱者专座
후	after	後	后
미리	beforehand	あらかじめ, 前もって	预先
나오다	to come out	出てくる	出来
걸리다	to take	(時間が) かかる	用

어휘 연습

○ 다음 그림을 보고 알맞은 어휘를 [보기]에서 찾아 쓰십시오.

[보기] 타는 문　　내리는 문　　버스 노선도　　하차 벨

카드 단말기

손잡이

일반 좌석

운전석

노약자석

질문

1. 우리는 왜 인사동에 갔습니까?

2. 우리는 왜 빈 자리에 앉지 않았습니까?

3. 맞으면 O, 틀리면 X 하십시오.

❶ 우리는 지난 주말에 인사동에 갔습니다. (　　)

❷ 버스에서 안내 방송을 했습니다. (　　)

❸ 버스로 15분쯤 걸렸습니다. (　　)

4. 위 글을 읽고 다음 빈 칸을 채우고 [보기]와 같이 문장을 쓰십시오.

출발 장소	
교통수단	
도착 장소	
시간	

[보기] 학교 앞에서 출발했습니다.

더 공부해 봅시다

○ 다음 글을 읽고 표와 다른 것을 찾아 고치십시오.

출발 장소	신촌
교통수단	지하철
도착 장소	삼성역
시간	30분
약속 장소	극장 앞

저는 어제 영화를 보러 갔습니다.
극장 앞에서 지하철을 타고 갔습니다.
삼성역까지 걸어서 30분 걸렸습니다.
역에서 내려서 극장까지 걸어서 갔습니다.
신촌 지하철역에서 친구를 만났습니다.
우리는 영화를 보고 쇼핑을 하고 차를 마셨습니다.
즐거운 하루였습니다.

.... → ....

.... → ....

.... → ....

읽어 봅시다 [CD2: 14]

- 음력[음녁] 추석은 음력 8월 15일입니다.
- 침략[침냑] 침략한 과거가 있습니다.
- 정류장[정뉴장] 내일은 버스 정류장에서 만납시다.
- 강릉[강능] 강릉은 아름다운 도시입니다.
- 대통령[대통녕] 올해 대통령이 선출되었습니다.

제28과 택시

○ 택시를 타면 무엇이 좋습니까?

CD2: 15

저는 수업이 끝나고 신문사에 갑니다.
보통 버스나 지하철을 타고 갑니다.
버스 정류장과 지하철역은 조금 멉니다.
오늘은 시간이 없어서 학교 앞에서 택시를 탔습니다.
운전기사 아저씨는 여러 가지 이야기를 하셨습니다.
조금 어려웠지만 재미있었습니다.
"어디에 세워 드릴까요?"
"신문사 앞은 복잡하니까 저기 횡단보도 앞에 세워 주세요."
저는 횡단보도 앞에서 내렸습니다.
10분 걸렸습니다.
택시요금은 5,000원이었습니다.
조금 비쌌지만 편했습니다.

어휘			
보통	usually	普通	普通
운전기사	driver	運転手	司机
아저씨	older man	おじさん	大叔(对中年男子的称呼)
택시요금	taxi fee	タクシー料金	打车费
편하다	to be comfortable	楽だ	舒服

어휘 연습

○ [보기]에서 어울리는 어휘를 찾아 쓰십시오.

[보기] 택시 하숙 음식 버스 옷 관리 생활 지하철 꽃

❶ ....요금 : 택시요금, ..., ...

❷ ....비 : 하숙비, ..., ...

❸ ....값 : 옷값, ..., ...

질문

1. 나는 보통 신문사에 어떻게 갑니까?

2. 운전기사 아저씨 이야기는 어땠습니까?

질문

3. 맞으면 O, 틀리면 X 하십시오.

❶ 수업이 끝나고 신문사에 갑니다. (　　)

❷ 오늘은 아파서 택시를 탔습니다. (　　)

❸ 신문사 앞에서 내렸습니다. (　　)

4. 위 글을 읽고 [보기]와 같이 묻고 대답하십시오.

[보기] 가 : 수업이 끝나고 어디에 갑니까?
나 : 신문사에 갑니다.

❶ 가 : ....?
나 : ....

❷ 가 : ....?
나 : ....

❸ 가 : ....?
나 : ....

❹ 가 : ....?
나 : ....

더 공부해 봅시다

○ 다음은 택시에서 손님과 운전기사가 하는 말입니다. 손님이 하는 말은 (손), 운전기사가 하는 말은 (기)를 쓰고, 아래 [보기]와 같이 묻고 대답하십시오.

[보기] 운전기사 : 어서 오십시오. 어디로 갈까요?
손님 : 명동까지 가 주세요.

1. 어디로 갈까요? (기)
2. .... 까지 가 주세요. ( )
3. 얼마나 걸립니까? ( )
4. 똑바로 갑니까? ( )
5. 어디에서 세워 드릴까요? ( )
6. .... 에 세워 주세요. ( )
7. .... 지나서 세워 주세요. ( )
8. 요금이 얼마입니까? ( )
9. 카드도 됩니까? ( )

읽어 봅시다 [CD2: 16]

- 닫는다[단는다] 그 가게는 문을 일찍 닫는다.
- 찾는다[찬는다] 그 사람은 항상 장미꽃만 찾는다.
- 끝나고[끈나고] 수업이 끝나고 친구와 점심을 먹었습니다.
- 있는[인는] 학생들이 있는 교실에서 기다리세요.
- 맛만[만만] 이 식당 음식은 맛만 좋습니다.

25-28과 확인해 봅시다

1. 다음을 읽어 봅시다.

❶ 이 건물 뒤에 횡단보도가 있습니다.

❷ 교통이 아주 복잡했습니다.

❸ 종로로 가는 버스 정류장은 저 쪽에 있습니다.

❹ 수업이 끝나고 창문을 닫는 사람이 있어요.

2. 다음 질문에 답하십시오.

1) 관계가 틀린 것을 고르십시오. (　　　)

❶ 버스 – 비행기 – 기차　　❷ 정류장 – 역 – 공항

❸ 지하도 – 육교 – 횡단보도　　❹ 2호선 – 7024번 – 지하철

2) 설명이 틀린 것을 고르십시오. (　　　)

❶ 하차 : 내리다　　❷ 출구 : 나가는 문

❸ 지하도 : 세우다　　❹ 횡단보도 : 건너는 곳

3) 빈 칸에 알맞은 어휘를 쓰십시오.

❶ 아저씨, 저기 백화점 앞에서 (　　　　) 주십시오.

❷ 다음 정류장은 종로입니다. (　　　　) 분은 미리 문 쪽으로 나오십시오.

❸ 집까지 택시로 20분 걸렸습니다. (　　　　)은 9,000원이었습니다.

4) 어떻게 갑니까? 다음 [보기]에서 골라서 쓰십시오.

[보기] 한국, 서울, 부산, 제주도, 어학당, 고향, 집, 하숙집, 기숙사, 학교, 도서관, 은행, 극장, 식당, 백화점, 버스 정류장, 지하철 역, 공항, 비행기, 버스, 택시, 기차, 배, 지하철, 걸어서, 뛰어서

어디에서	어디까지	무엇으로	얼마나 걸립니까?
집	학교	버 스	30분
....	....	....	....
....	....	....	....
....	....	....	....
....	....	....	....
....	....	....	....

3. 다음 글을 읽고 순서대로 번호를 쓰십시오.

❶ 5001번 버스를 탔습니다.
자리에 앉고 싶었지만 빈 자리가 없었습니다.

❷ 지하철을 탔습니다.
강남역까지 지하철로 40분쯤 걸렸습니다.

❸ 버스에서 내려서 집까지 걸어서 갔습니다.
집까지 가는 길은 아주 힘들었습니다.

❹ 오늘 시험이 끝났습니다.
피곤해서 일찍 집에 가고 싶었습니다.

❺ 7번 출구로 나와서 버스 정류장으로 갔습니다.
버스를 기다리는 사람들이 많았습니다.

글의 순서

(4) → (   ) → (   ) → (   ) → (   )

제29과 휴대전화

● 여러분은 휴대전화가 있습니까?

CD2: 17

한국 사람들은 보통 휴대전화로 전화를 합니다.
길이나 지하철에서도 전화를 많이 합니다.
마이클 씨도 한국에 와서 휴대전화를 샀습니다.
마이클 씨는 오늘 학교 친구에게 전화를 걸었습니다.
친구는 전화를 받지 않았습니다.
"메시지를 남기고 별표나 우물 정자를 누르십시오."

"이게 무슨 말입니까?"
마이클 씨는 한국 친구에게 질문했습니다.
한국 친구가 가르쳐 주었습니다.
마이클 씨는 음성메시지를 남기고 별표를 눌렀습니다.
친구가 음성메시지를 듣고 전화해 주었습니다.

어휘			
휴대전화	mobile phone, cellular phone	携帯電話	手机
(전화를) 걸다	to call	(電話を) かける	打(电话)
(전화를) 받다	to answer	(電話を) 受ける, とる	接(电话)
메시지	message	メッセージ	短信
남기다	to leave	残す	留下
별표(*)	star (sign)	アステリスク(*)	星号键
우물정자(#)	well (sign)	シャープ (#)	井号键
음성메시지	voice message	音声メッセージ	语音信息
누르다	to press	押す	按

어휘 연습

○ 다음과 같이 연결하고 문장을 완성하십시오.

❶ 전화를	•··········•	겁니다.
❷ 인사를	• •	줍니다.
❸ 공을	• •	합니다.
❹ 문자메시지를	• •	던집니다.
❺ 꽃을	• •	보냅니다.

(전화를 걸기도 하고)

(인사를 ....)

→ (공을 ....) 받기도 합니다.

(문자메시지를 ....)

(꽃을 ....)

연세 한국어 읽기 1

질문

1. 마이클 씨는 오늘 누구에게 전화를 했습니까?

2. 마이클 씨는 "별표나 우물 정자를 누르십시오"를 어떻게 알았습니까?

3. 맞으면 O, 틀리면 X 하십시오.

❶ 마이클 씨는 한국에서 휴대전화를 샀습니다. (　　)

❷ 마이클 씨는 친구에게 문자메시지를 보냈습니다. (　　)

❸ 친구가 마이클 씨에게 전화를 했습니다. (　　)

4. 위 글을 읽고 순시대로 번호를 쓰십시오.

❶ 마이클 씨 친구가 음성메시지를 듣습니다.

❷ 마이클 씨가 친구에게 전화를 겁니다.

❸ #를 누릅니다.

❹ 음성메시지를 남깁니다.

❺ 마이클 씨 친구가 마이클 씨에게 전화를 합니다.

❻ 마이클 씨 친구가 전화를 받지 않습니다.

(2) – (　　) – (　　) – (　　) – (　　) – (　　)

더 공부해 봅시다

- 여러분은 다음 중에서 어느 것을 자주 씁니까? 왜 그것이 좋습니까? [보기]와 같이 이야기해 봅시다.

휴대전화	이메일(전자우편)	메신저

[보기] 저는 휴대전화를 자주 씁니다.
휴대전화는 작고 가볍습니다.
휴대전화로 문자메시지도 보내고 음성메시지도 남깁니다.

읽어 봅시다 [CD2: 18]

- 숙제[숙쩨] 날마다 숙제가 많습니다.
- 맥주[맥쭈] 친구와 맥주를 마셨습니다.
- 받지[받찌] 전화를 받지 않았습니다.
- 곧장[곧짱] 곧장 집에 가십시오.
- 잡지[잡찌] 도서관에서 잡지를 읽습니다.

제30과 파티 초대

- 여러분은 언제 초대를 합니까?

CD2: 19

제임스 씨는 오늘 웨이 씨에게 전화를 걸었습니다.
"웨이 씨 계십니까?"
"네, 바로 전데요."
"이번 크리스마스에 시간이 있어요?
저녁 6시에 우리 집에서 파티를 해요."
"그래요? 초대해 줘서 고마워요.
그런데 집이 어디예요?"
"우리 집은 학교 근처에 있어요.
지하철 2호선 신촌역에서 내리세요.
내려서 전화하세요."
제임스 씨는 리에 씨에게도 전화를 했습니다.
리에 씨는 전화를 받지 않았습니다.
그래서 리에 씨에게 문자메시지를 보냈습니다.

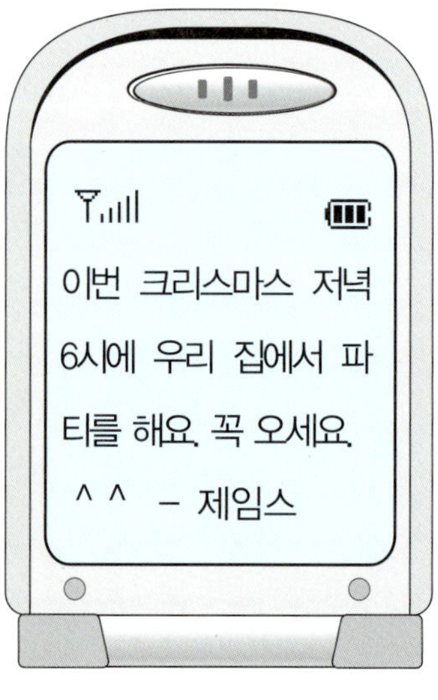

어휘			
초대	invitation	招待	邀请
크리스마스	Christmas	クリスマス	圣诞节
파티를 하다	to have a party	パーティーをする	举行聚会
초대하다	to invite	招待する	邀请
문자메시지	text message	携帯メール	手机短信
꼭	just, without fail	必ず, 是非	一定

어휘 연습

질문과 대답을 다음과 같이 연결하십시오.

❶ 생일이 언제예요? ···	바로 오늘이에요.
❷ 연세대학교가 어디입니까?	아니요, 지금 바로 오세요.
❸ 미선 씨 좀 바꿔 주세요.	바로 전데요.
❹ 조금 이따가 가겠습니다.	바로 여기입니다.

질문

1. 제임스 씨는 누구를 초대했습니까?

2. 제임스 씨는 어디에서 크리스마스 파티를 하겠습니까?

질문

3. 맞으면 O, 틀리면 X 하십시오.

❶ 제임스 씨는 오늘 친구들에게 전화를 했습니다. (　　　)

❷ 리에 씨가 전화를 받았습니다. (　　　)

❸ 웨이 씨는 바빠서 파티에 안 옵니다. (　　　)

4. 위 글을 읽고 다음 초대장의 빈 칸을 채우십시오.

....에 초대합니다.

안녕하세요? 잘 지냈습니까?
12월 24일 저녁 6시에 우리 집에서 파티를 하겠습니다.
꼭 오세요.
시간과 장소는 아래에 있습니다.

- 시간 :
- 장소 :
- 전화 번호 : 010-8765-4321
- 오는 방법 :

....드림

더 공부해 봅시다

○ 다음 초대장을 읽고 질문에 답하십시오.

> **여러분을 초대합니다.**
>
> 아름다운 음악을 듣고 싶으십니까?
> '하모니' 에서 여러분을 초대합니다. 사랑하는 사람과 함께 오십시오.
>
> - 시간 : 2007년 10월 23일(목요일) 저녁 7시
> - 장소 : 한국대학교 대강당
> - 전화 번호 : 3456-7890
> - 이메일 : harmony@hankook.ac.kr
>
> 한국대학교 음악 모임 하모니 드림
>
> 공연은 무료입니다. 6시 30분까지 오십시오.

1) 무슨 초대장입니까? (   )

❶ 결혼식　❷ 음악회　❸ 생일 파티　❹ 전시회

2) 맞으면 O, 틀리면 X 하십시오.

❶ 주말 공연입니다. (   )

❷ 입장료가 없습니다. (   )

❸ 공연은 6시 30분에 시작합니다. (   )

읽어 봅시다 [CD2: 20]

• [ㅈ] – 조금　주다　집　가족　자다　전화

김치를 조금만 더 주십시오.

집에서 가족들이 자고 있는데 전화가 왔습니다.

• [ㅊ] – 친구　초대하다　지하철　춥다　차다

친구를 초대했는데 친구가 꽃을 가지고 왔습니다.

지하철 안이 조금 춥습니다.

• [ㅉ] – 짜다　찜　쯤　찌르다　저쪽

자장면이 좀 짭니다.

아구찜이 얼마쯤 합니까?

제31과 약속 취소

● 약속을 취소합니다. 어떻게 말합니까?

CD2: 21

스티븐 씨는 월요일에 미영 씨에게 전화를 걸었습니다.
"토요일 저녁에 시간이 있어요?
같이 연극도 보고 저녁도 먹을까요?"
"네, 낮에는 일이 있지만, 저녁에는 괜찮아요."
"좋아요. 그럼 그날 7시에 만나요."
두 사람은 약속을 했습니다.
그런데 스티븐 씨는 토요일 오후에 다시 미영 씨에게 전화를 걸었습니다.
"미영 씨, 여기 김포공항이에요.
급한 일이 생겨서 지금 부산에 갑니다.
정말 미안해요. 내일 저녁에 시간이 있어요?"
"글쎄요, 내일 다시 전화하세요."
미영 씨 목소리가 좋지 않았습니다.
"미영 씨가 화가 났을까?" 스티븐 씨는 걱정을 했습니다.

어휘			
취소	cancellation	取消	取消
연극	a play	演劇	表演，话剧
낮	afternoon	昼, 日中	白天
그날	that day	その日	那天
그런데	However	ところで, しかし	但是
김포공항	Kimpo Airport	金浦空港	金浦机场
급하다	to be urgent	急だ, 急いでいる	急
생기다	to come into being	できる, 生じる	发生
부산	Pusan	釜山	釜山
글쎄요	well	そうですねえ	表示对听到的话或事实不确定
목소리	voice	声	声音
화가 나다	to get angry	怒る	生气

어휘 연습

[보기]에서 알맞은 말을 골라서 빈 칸을 채우십시오. (한 번만 쓰십시오.)

[보기] 그렇지만 그래서 그리고 그러면 그런데

❶ 오늘은 늦게 일어났습니다. (   ) 학교에 늦게 왔습니다.

❷ 한국말이 어렵습니다. (   ) 재미있습니다.

❸ 가 : 피곤합니다.

나 : (   ) 좀 쉬세요.

❹ 이 식당은 음식이 맛있습니다. (   ) 아주머니도 친절합니다.

❺ 오늘은 중요한 시험을 보는 날입니다. (   ) 몸이 많이 아픕니다.

질문

1. 스티븐 씨는 왜 토요일 오후에 미영 씨에게 전화를 했습니까?

2. 스티븐 씨는 왜 걱정을 했습니까?

질문

3. 맞으면 O, 틀리면 X 하십시오.

❶ 스티븐 씨는 미영 씨와 연극을 보고 싶어했습니다. (　　)

❷ 스티븐 씨는 아파서 약속을 취소했습니다. (　　)

❸ 스티븐 씨는 고속버스로 부산에 갑니다. (　　)

4. 다음은 스티븐 씨와 미영 씨의 전화 대화입니다.
스티븐 씨의 말은 (스), 미영 씨의 말은 (미)를 쓰고, 순서대로 번호를 쓰십시오.

❶ "급한 일이 생겨서 지금 부산에 갑니다. 정말 미안해요.
내일 저녁에 시간이 있어요?" (스)

❷ "토요일 저녁에 시간이 있어요?" (　　)

❸ "좋아요. 그럼 그날 7시에 만나요." (　　)

❹ "네, 낮에는 일이 있지만, 저녁에는 괜찮아요." (　　)

❺ "글쎄요, 서울에 돌아와서 다시 전화하세요." (　　)

(2) – (　　) – (　　) – (　　) – (　　)

더 공부해 봅시다

- 다음은 위 글 다음의 이야기입니다. 위 글 다음에 어떤 일이 있겠습니까?
  여러분은 이 두 이야기 중에서 어느 것을 고르겠습니까?
  왜 그것을 고르겠습니까?

> 스티븐 씨는 다음 날 미영 씨에게 다시 전화를 했습니다.
> 미영 씨가 많이 아픈 것 같았습니다.
> 스티븐 씨는 약과 죽을 가지고 미영 씨 집에 갔습니다.
> 미영 씨는 몸은 아프지만 행복했습니다.

> 스티븐 씨는 다음 날 미영 씨에게 여러 번 전화를 했습니다.
> 그런데 미영 씨가 전화를 받지 않았습니다.
> 음성메시지도 남기고 문자메시지도 보냈지만, 답이 없었습니다.
> 스티븐 씨는 슬펐습니다.

읽어 봅시다 [CD2: 22]

• 좋지[조치]	오늘은 기분이 좋지 않습니다.
• 싫지[실치]	김치가 싫지 않지만 조금 맵습니다.
• 많지[만치]	방학이어서 학교에 사람이 많지 않습니다.
• 앉혔습니다[안쳐씀니다]	아이를 의자에 앉혔습니다.
• 꽂혀[꼬쳐]	책꽂이에 책이 꽂혀 있습니다.

제32과 한국어와 전화

◎ 여러분은 한국말로 전화를 합니까?

CD2: 23

미국에서 온 진섭 씨는 요즘 한국말을 배웁니다.
이제는 한국말을 좀 합니다.
그러나 전화가 오면 겁이 납니다.
듣기도 어렵고 말하기도 어렵습니다.
지난 주 토요일에 진섭 씨는 하숙집에 혼자 있었습니다.
"따르릉, 따르릉"
진섭 씨는 겁이 났지만 전화를 받았습니다.
"거기가 중국집이지요?"
"네? 여보세요? 몇 번에 거셨습니까?"
"거기가 중국집 아니에요?"
"전화 잘못 거셨습니다."
"아, 정말 죄송합니다."
"아니요, 괜찮습니다."
전화를 끊고 진섭 씨는 전화를 잘 받은 것이 기뻤습니다.

어휘			
이제	Now	今	现在
겁이 나다	to be scared	怖くなる, 心配になる	害怕
듣기	listening	聞くこと	听力
말하기	speaking	話すこと	口语
혼자	alone	ひとり	一个人
따르릉	bell sound	(電話などのベル音) チリリン	叮铃铃
중국집	Chinese restaurant	中国料理店	中国餐馆
잘못	wrong	誤って, 間違えて	错误
죄송하다	to be sorry	申し訳ない, 恐縮する	抱歉
괜찮다	to be okay, all right	大丈夫だ, 構わない	没有关系
전화를 끊다	to hang up	電話を切る	挂电话
기쁘다	to be happy, pleased	うれしい	高兴

어휘 연습

○ [보기]에서 골라서 다음 질문에 답을 쓰십시오.

❶ 가 : 걷기를 좋아합니까? 달리기를 좋아합니까?

나 : ....

[보기] 걷기　달리기

❷ 가 : 한국말을 배우지요? 뭐가 제일 쉬워요?

나 : ....

[보기] 말하기　듣기　읽기　쓰기

❸ 가 : 뭐가 제일 어려워요?

나 : ....

[보기] 발음하기　사전 찾기　문장 만들기　외우기

❹ 가 : 취미가 뭐예요?

나 : ....

[보기] 영화 보기　음악 듣기　책 읽기　사진 찍기

질문

1. 진섭 씨는 왜 전화가 오면 겁이 납니까?

2. 진섭 씨는 왜 기분이 좋았습니까?

3. 맞으면 O, 틀리면 X 하십시오.

❶ 진섭 씨는 전화를 받고 싶지 않았습니다. ( )

❷ 진섭 씨는 듣기는 어렵지만 말하기는 쉽습니다. ( )

❸ 진섭 씨는 중국집에 전화를 했습니다. ( )

4. 위 글을 읽고 [보기]와 같이 친구와 묻고 대답하십시오.

> [보기] 가 : 진섭 씨는 어디에서 왔어요?
> 나 : 미국에서 왔어요.

❶ 가 : ....?
나 : ....

❷ 가 : ....?
나 : ....

❸ 가 : ....?
나 : ....

❹ 가 : ....?
나 : ....

더 공부해 봅시다

○ 다음 그림을 보고 알맞은 번호를 쓰십시오.

1) 전화를 겁니다. (4)

2) 전화를 끕니다. ( )

3) 메시지를 봅니다. ( )

4) 전화번호를 찾습니다. ( )

5) 수업 시간입니다. ( )

6) 사진을 찍습니다. ( )

7) 인터넷을 합니다. ( )

읽어 봅시다 [CD2: 24]

- 괜찮습니다[괜찬씀니다] 밤 늦게 전화해도 괜찮습니다.
- 많습니다[만씀니다] 백화점에 사람이 많습니다.
- 않습니다[안씀니다] 이 옷은 예쁘지 않습니다.
- 싫습니다[실씀니다] 저는 이 음악이 싫습니다.
- 닳습니다[달씀니다] 이 신발은 굽이 잘 닳습니다.

29-32과 확인해 봅시다

1. 다음을 읽어 봅시다.

❶ 오늘은 도서관에서 숙제도 하고 잡지도 읽었습니다.

❷ 생일에 선생님과 친구들을 집에 초대했습니다.

❸ 선생님들도 좋으시고 친구들도 좋지요?

❹ 저는 주말에 숙제하기가 싫습니다.

2. 다음 질문에 답하십시오.

1) 관계가 다른 것을 고르십시오. (　　　)

❶ 천천히 – 빨리　❷ 혼자 – 같이　❸ 일찍 – 늦게　❹ 제일 – 가장

2) '걸다' 와 같이 쓸 수 없는 어휘를 고르십시오. (　　　)

❶ 옷　❷ 냉장고　❸ 전화　❹ 달력

3) [보기]에서 알맞은 어휘를 골라서 알맞게 쓰십시오.

[보기] 걸리다　들리다　누르다　울리다

❶ '따르릉' 전화벨이 (　　　　　　　).

❷ 옆 교실에서 노래 소리가 (　　　　　　　).

❸ 집에서 학교까지 걸어서 15분쯤 (　　　　　　　).

❹ 친구에게 음성메시지를 남기고 별표를 (　　　　　　　).

4) [보기]에서 같이 쓸 수 있는 어휘를 골라서 쓰십시오.

[보기] 걸다　보내다　받다　쓰다　하다　끊다　남기다　듣다

❶ 전화 : ________, ________, ________, ________

❷ 문자메시지 : ________, ________, ________, ________

❸ 음성메시지 : ________, ________, ________, ________

❹ 이메일 : ________, ________, ________, ________

3. 다음 글을 읽고 문자메시지를 쓰십시오.

웨이 씨는 토요일에 제임스, 마이클 씨와 같이 북한산에 등산을 가고 싶었습니다. 먼저 제임스 씨에게 전화를 걸었습니다. 그런데 제임스 씨가 계속 전화를 받지 않았습니다. 전화를 끊고 마이클 씨에게 전화를 걸었습니다. 마이클 씨도 전화를 받지 않았습니다. 그래서 웨이 씨는 제임스 씨에게 문자메시지를 보냈습니다.

(가)..............................

제임스 씨는 웨이 씨 메시지를 보고 좋아했습니다. 제임스 씨도 웨이 씨에게 문자메시지를 보냈습니다.

(나)..............................

웨이 씨는 마이클 씨에게도 문자메시지를 보냈습니다. 10분 후에 마이클 씨가 웨이 씨 메시지를 보았습니다. 그런데 마이클 씨는 토요일에 다른 약속이 있었습니다. 마이클 씨가 웨이 씨에게 문자메시지를 보냈습니다.

(다)..............................

(가) (나) (다)

제33과 계절

여러분은 어느 계절을 좋아합니까?

CD2: 25

제 고향은 1년 내내 무척 덥습니다.
하지만 한국에는 사계절이 있어서 좋습니다.
저는 지난 해 가을에 한국에 왔습니다.
날씨가 선선했습니다.
춥지도 않고 덥지도 않았습니다.
그리고 가을 산은 단풍이 들어서 아주 아름다웠습니다.
지금은 추운 겨울이 지나고 따뜻한 봄입니다.
여기저기에 예쁜 꽃도 많이 피었습니다.
그래서 사람들은 봄꽃을 구경하러 산이나 공원에 갑니다.
저도 다음 주말에 반 친구들과 소풍을 가겠습니다.

어휘

내내	all the time, continuaiiy	(初めから終りまで) ずっと, …じゅう	一直
무척	very	非常に	非常
하지만	but, however	けれども,しかし	不过
사계절	four seasons	四季	四季
지난 해	last year	去年	去年
선선하다	cool, refreshing	涼しい	凉快
가을	autumn	秋	秋天
단풍이 들다	changing of the maple leaves	紅葉する	布满枫叶
겨울	winter	冬	冬天
지나다	to pass by	過ぎる	过去
봄	spring	春	春天
꽃이 피다	flowers blooming	花が咲く	开花
봄꽃	spring flowers	春の花	春天的花
구경하다	to sightsee	見てまわる, 見物する	观看
소풍	picnic	遠足, ピクニック	郊游

어휘 연습

○ 다음 계절과 어울리는 어휘를 [보기]에서 찾아 쓰십시오.

[보기] 단풍 진달래 장마 눈 땀 눈사람 소풍
스키 따뜻하다 춥다 선선하다 덥다 감

❶ 봄 : ……………………

❷ 여름 : ……………………

❸ 가을 : ……………………

❹ 겨울 : ……………………

질문

1. 한국의 가을 날씨는 어떻습니까?

2. 내 고향 날씨는 어떻습니까?

3. 맞으면 O, 틀리면 X 하십시오.

❶ 가을 산은 단풍이 듭니다. (　　　)

❷ 지금은 추운 겨울입니다. (　　　)

❸ 친구들과 다음 주말에 소풍을 가겠습니다. (　　　)

4. 위 내용을 읽고 [보기]와 같이 묻고 대답하십시오.

> [보기] 가 : 왜 한국이 좋습니까?
> 나 : 사계절이 있어서 좋습니다.

❶ 가 : ....?
나 : ....

❷ 가 : ....?
나 : ....

❸ 가 : ....?
나 : ....

❹ 가 : ....?
나 : ....

더 공부해 봅시다

● 여러분 나라에는 무슨 계절이 있습니까? [보기]와 같이 1년을 나누어 봅시다.

[보기]

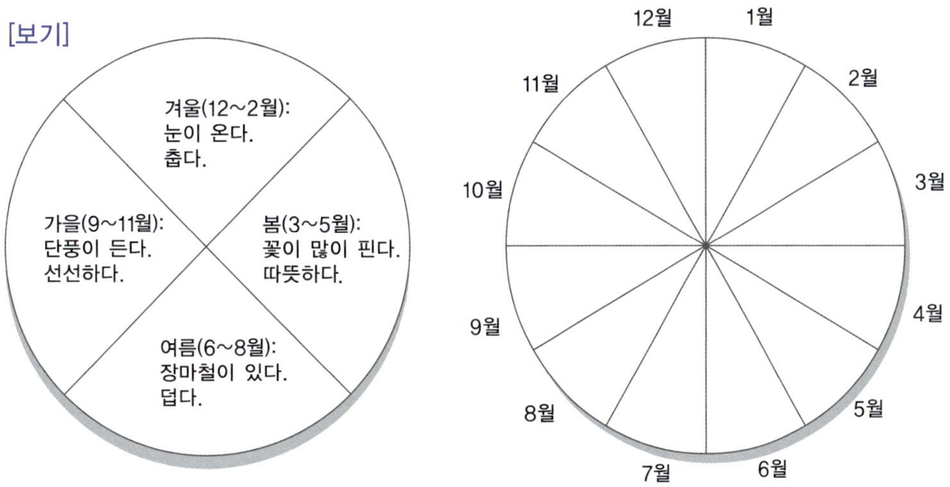

(한국)　　　　　　　　(　　　)

읽어 봅시다 [CD2: 26]

- [ㅂ] – 봄　반　방학　버스　바다
  봄에 반 친구들하고 여행을 갑니다.
  방학에 버스를 타고 바다에 가고 싶습니다.

- [ㅃ] – 오빠　예쁜　뺨　뽀뽀　빨래　빨리
  오빠가 예쁜 아기 뺨에 뽀뽀를 했습니다.
  빨래를 빨리 하십시오.

- [ㅍ] – 피다　소풍　풀　잎　푸르다　단풍
  꽃이 피면 소풍을 갑니다.
  풀하고 잎이 푸릅니다.

- [ㅁ] – 주말　무척　많이　어머니　나무　물
  지난 주말에 눈이 무척 많이 왔습니다.
  어머니가 나무에 물을 줍니다.

제34과 일기예보

◉ 여러분은 어떤 날씨가 좋습니까?

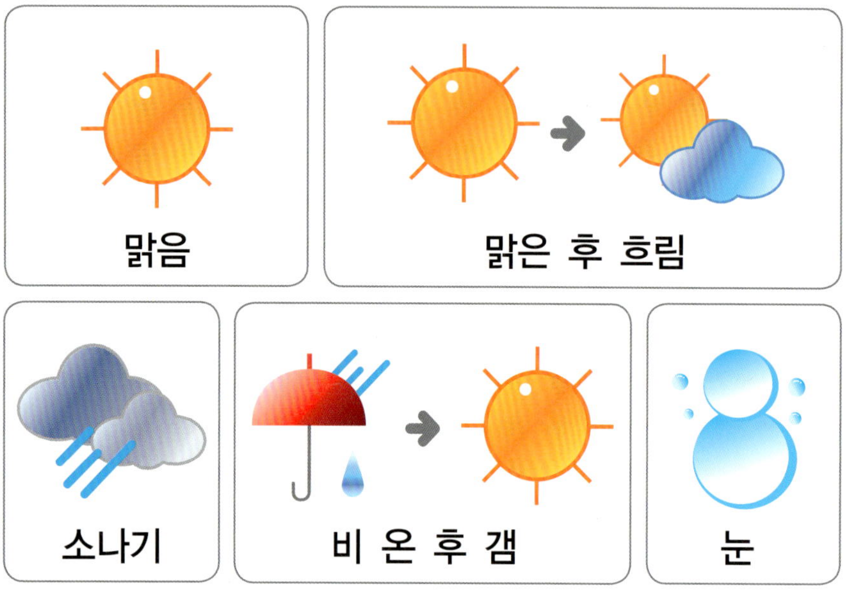

CD2: 27

오늘 8. 4(금)

- 구름 조금
- 최저 25℃
- 최고 33℃

내일 8. 5(토)

- 흐리고 소나기
- 최저 23℃
- 최고 31℃

요즘 날마다 무덥습니다.
물놀이 사고도 많습니다.
조심하십시오.
오늘 날씨입니다.
오늘은 날씨가 맑겠습니다.
하지만 낮에는 구름이 조금 끼겠습니다.
아침기온은 25도이고 낮 최고기온은 33도입니다.
내일은 흐리고 오후에 소나기가 오겠습니다.
아침기온은 23도이고 낮 최고기온은 31도입니다.
날씨였습니다.

어휘			
일기예보	weather forecast	天気予報	天气预报
최고기온	the highest temperature	最高気温	最高气温
최저기온	the lowest temperature	最低 気温	最低气温
흐리다	to be cloudy	曇っている	天气阴
소나기	a (sudden) shower of rain	にわか雨	阵雨
무덥다	to be humid	蒸し暑い	炎热
물놀이	playing the water	水遊び	玩水
사고	accident	事故	事故
조심하다	to be careful	気をつける, 注意する	小心
맑다	to be clear	(天気が) 晴れている	天气晴
구름이 끼다	to become cloudy	雲がかかる	云层积聚
기온	temperature	気温	气温
도	degree	(温度の単位) 度	度

어휘 연습

○ 다음 동사와 어울리는 어휘를 [보기]에서 찾아 쓰십시오.

[보기] 비　눈　구름　안개　바람　소나기

❶ .... 이/가 오다 : ....

❷ .... 이/가 내리다 : ....

❸ .... 이/가 불다 : ....

❹ .... 이/가 끼다 : ....

질문

1. 위 글은 무슨 이야기입니까?

2. 오늘 날씨는 어떻습니까?

3. 맞으면 O, 틀리면 X 하십시오.

❶ 사람들이 요즘 수영을 합니다. (   )
❷ 내일은 날씨가 맑겠습니다. (   )
❸ 내일은 오늘보다 조금 더 덥겠습니다. (   )

4. 위 글을 읽고 [보기]와 같이 묻고 대답하십시오.

[보기] 가 : 요즘 날씨가 어떻습니까?
나 : 무덥습니다.

❶ 가 : ....?
나 : ....

❷ 가 : ....?
나 : ....

❸ 가 : ....?
나 : ....

❹ 가 : ....?
나 : ....

더 공부해 봅시다

○ 다음 그림을 보고 오늘과 내일의 날씨를 위 글과 같이 설명하십시오.

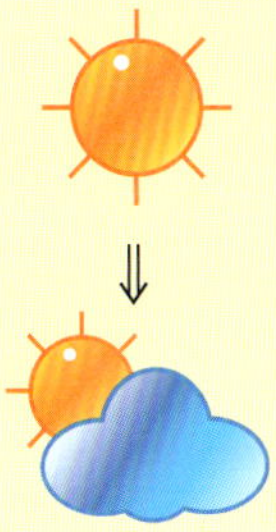

오늘 12. 24(수)

- 맑은 후 흐림
- 최저 -3℃
- 최고 6℃

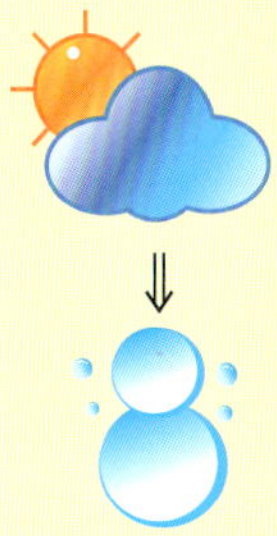

내일 12. 25(목)

- 흐리고 눈
- 최저 -5℃
- 최고 4℃

요즘 ....

읽어 봅시다 [CD2: 28]

• 물놀이[물로리]	여름에는 물놀이를 자주 합니다.
• 실내[실래]	실내에서는 담배를 피울 수 없습니다.
• 일 년[일 련]	일 년에는 열두 달이 있습니다.
• 달나라[달라라]	달나라에 토끼가 살까요?
• 칼날[칼랄]	칼날에 베어서 피가 납니다.

제35과 날씨와 여행

오늘 날씨는 어떻습니까?

CD2: 29

지난 여름은 무척 더웠습니다.
우리 가족은 동해안으로 여행을 갔습니다.
여행을 떠나는 날 아침 서울은 바람도 불고 구름도 많이 꼈습니다.
금방 비가 올 것 같았습니다.
모두들 걱정을 했습니다.
"오랜만에 함께 떠나는 여행인데……"
동해안까지는 자동차로 3시간쯤 걸렸습니다.
동해안에는 비가 내리지 않았습니다.
바다와 하늘이 모두 파랗고 깨끗했습니다.
우리 가족은 3박 4일 동안 즐겁게 지냈습니다.
날씨가 좋아서 바다에서 수영도 하고 배도 탔습니다.
이야기도 많이 하고 사진도 많이 찍었습니다.

어휘			
동해안	East Coast	東海岸	东海岸
떠나다	to leave	出かける, 出発する	离开
바람이 불다	wind blowing	風が吹く	风吹
금방	in a moment, soon	今にも, すぐに	马上
모두들	everyone	皆	所有人
오랜만에	after a long time	久しぶりに	久违的
함께	together	一緒に	一起
하늘	sky	空	天空
파랗다	blue	青い	蓝
3박 4일	3 nights 4 days	3泊4日	3晚4天
동안	for, during	～の間	在～期间
즐겁게 지내다	to have a good time	楽しい時間を過ごす	过得愉快
수영을 하다	to swim	泳ぐ, 水泳をする	游泳
배를 타다	to ride a boat	船に乗る	坐船
사진을 찍다	to take pictures	写真を撮る	拍照片

어휘 연습

○ 다음 어휘에 어울리는 동사를 [보기]에서 찾아 쓰십시오.

[보기] 높다 낮다 깊다 얕다 넓다 좁다

❶ 바다 : ....

❷ 하늘 : ....

❸ 들 : ....

❹ 산 : ....

질문

1. 여행을 떠나는 날 아침 서울 날씨는 어땠습니까?

2. 바다에서 우리 가족은 무엇을 했습니까?

3. 맞으면 O, 틀리면 X 하십시오.

❶ 동해안은 비가 왔습니다. (　　)

❷ 서울에서 동해안까지 3시간 걸렸습니다. (　　)

❸ 동해안에서 3일 밤을 잤습니다. (　　)

4. 위 글을 읽고 [보기]와 같이 묻고 대답하십시오.

[보기] 가 : 지난 여름에 어디에 갔습니까?
나 : 가족과 함께 동해안으로 여행을 갔습니다.

❶ 가 : ....?
나 : ....

❷ 가 : ....?
나 : ....

❸ 가 : ....?
나 : ....

❹ 가 : ....?
나 : ....

더 공부해 봅시다

○ 다음을 읽고 어디로 여행을 가고 싶은지 친구와 이야기해 봅시다.

춘천	제주도
날씨 : 맑고 따뜻함 가는 방법 : 기차로 2시간 먹을 것 : 닭갈비, 막국수 볼 것 : 호수, 남이섬 여행 경비 : 5만원 기간 : 당일	날씨 : 흐리고 비가 옴 가는 방법 : 비행기로 1시간 먹을 것 : 생선회, 돼지고기 볼 것 : 한라산, 우도 여행 경비 : 30만원 기간 : 2박 3일

읽어 봅시다 [CD2: 30]

- 걸리다 — 생각보다 시간이 많이 걸렸습니다.
- 빨래, 밀리다 — 빨래가 많이 밀려서 힘들었습니다.
- 멀리 — 멀리 여행을 가고 싶어요.
- 풀벌레 — 가을밤에는 풀벌레가 웁니다.
- 달리다 — 오랜만에 운동장을 달렸습니다.

제36과 스키

여러분은 겨울에 무엇을 합니까?

CD2: 31

우리 고향에는 겨울에도 눈이 오지 않습니다.
그러나 서울은 겨울에 눈이 옵니다.
저는 이렇게 하얀 눈이 오는 겨울이 좋습니다.
겨울에는 제가 좋아하는 스키도 탈 수 있습니다.
지난 겨울에 처음 스키장에 갔습니다.
처음에는 정말 많이 넘어졌지만 이제는 스키 타기가 어렵지 않습니다.
제가 가는 스키장은 서울 근처에 있습니다.
그곳에는 즐겁게 스키를 타는 사람이 많습니다.
가끔 스키 타는 것이 무서워서 그 자리에 가만히 있는 사람이 있습니다.
그리고 스키를 타지 않고 눈싸움만 하는 사람도 있습니다.
모두가 웃는 얼굴입니다. 이렇게 웃는 얼굴을 보면 저도 즐겁습니다.

어휘

이렇게	like this	このように	这样
하얗다	white	白い	雪白
눈	snow	雪	雪
스키를 타다	to ski	スキーをする	滑雪
스키장	ski resort	スキー場	滑雪场
넘어지다	to fall	転ぶ	摔倒
무섭다	to be scared, afraid	怖い	可怕
가만히	still, quietly	じっと, おとなしく, 静かに	安静地
눈싸움	snow fight	雪合戦	雪仗
웃다	to laugh, to smile	笑う	笑
얼굴	faces	顔	脸
즐겁다	to be happy, pleased	楽しい	愉快

어휘 연습

○ 다음의 동사와 어울리는 어휘를 [보기]에서 찾아 쓰십시오.

[보기] 스키 야구 농구 요가 탁구 등산 스노보드
축구 수영 골프 테니스 스케이트

❶ .... 을/를 하다 : ....

❷ .... 을/를 치다 : ....

❸ .... 을/를 타다 : ....

연세 한국어 읽기 1

질문

1. 나는 왜 겨울을 좋아합니까?

2. 스키장에서는 어떤 모습들을 볼 수 있습니까?

3. 맞으면 O, 틀리면 X 하십시오.

❶ 우리 고향에는 눈이 옵니다. (　　)

❷ 나는 지금도 스키를 잘 탈 수 없습니다. (　　)

❸ 내가 자주 가는 스키장은 서울에서 가깝습니다. (　　)

4. 위 글을 읽고 다음 문장을 완성하십시오.

❶ 저는 겨울에 ....

❷ 지난 겨울 처음 스키장에 가서 ....

❸ 스키장은 ....

❹ 스키장에는 ....

....

....

더 공부해 봅시다

여러분은 보통 다음 계절에 무엇을 합니까? 간단하게 쓰고 발표해 봅시다.

봄	
여름	
가을	
겨울	

읽어 봅시다 [CD2: 32]

물 말 팔 꿀 술 뿔 풀 달 글

얼굴 눈물 달걀 겨울 내일 서울

알다 열다 물다 들다 졸다 달다

- 어머니 얼굴을 보고 싶어서 눈물을 흘립니다.
- 내일은 딸기를 먹겠어요.
- 물과 달걀을 사 오십시오.
- 꿀이 정말 달아요.
- 겨울 방학에는 친구들을 만날 거예요.

연세 한국어 읽기 1

33-36과 확인해 봅시다

1. 다음을 읽어 봅시다.

❶ 예쁜 봄꽃이 많이 피었습니다.

❷ 여름에는 물놀이를 하는 사람들이 많습니다.

❸ 버스가 빨리 달려서 시간이 많이 걸리지 않았습니다.

❹ 겨울에는 스키를 타는 사람들을 볼 수 있습니다.

2. 다음 질문에 답하십시오.

1) 표현이 틀린 것을 고르십시오. (   )

❶ 구름이 끼다 ❷ 비가 그치다 ❸ 바람이 강하다 ❹ 눈이 끝나다

2) 다음 문장에서 틀린 것을 고르십시오. (   )

겨울에 하얀 눈이 쌓이면(❶) 스키장에 가서(❷) 눈사람도 하고(❸) 스키도 탑니다(❹).

3) 빈 칸에 알맞은 단어를 쓰십시오.

❶ 한국에는 (   )이 있습니다. 봄, 여름, 가을, 겨울입니다.

❷ 어제는 비도 오고 바람도 많이 (   ).

❸ 최저기온은 1도이고 낮 (   )은 10도입니다.

4) 빈 칸에 알맞은 단어를 쓰십시오.

계절 : ...., ..., ..., ..., ..., ...

날씨 : ...., ..., ..., ..., ..., ...

..........., ..., ..., ..., ..., ...

3. 다음 일기예보와 맞는 설명을 고르십시오.

1) (　　　　)

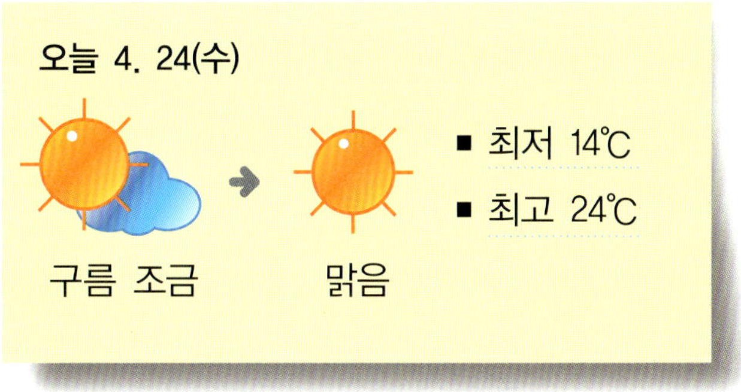

❶ 아침 일찍부터 날씨가 맑겠습니다.

❷ 오늘은 맑은 후 흐리겠습니다.

❸ 아침 최고기온은 14도이고 낮 최저기온은 24도입니다.

❹ 오늘은 구름이 조금 낀 후 맑겠습니다.

2) (　　　　)

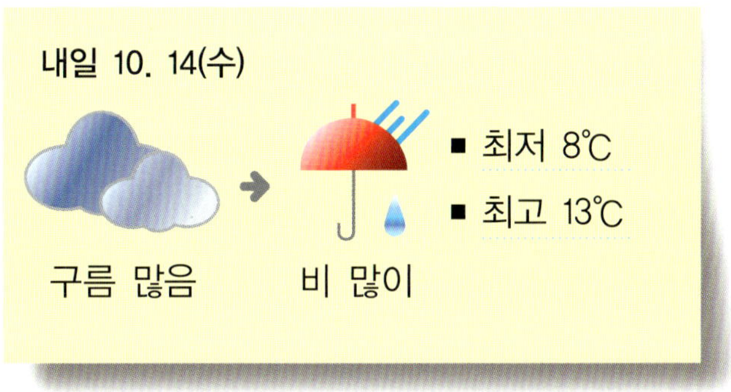

❶ 내일은 흐리고 비가 조금 오겠습니다.

❷ 내일 아침 최저기온은 8도이고 낮 최고기온은 13도입니다.

❸ 내일은 아침부터 비가 오고 구름도 많이 끼겠습니다.

❹ 내일 오후에는 흐린 후 맑겠습니다.

제37과 부산 여행

◉ 여러분은 여행을 좋아합니까? 한국에서 어디를 여행했습니까?

CD2: 33

저는 이번 주말에 친구들과 같이 부산에 가려고 합니다.
부산에는 바다가 있어서 여름에 부산으로 휴가를 가는 사람이 많습니다.
그래서 우리는 일주일 전에 기차표를 예매했습니다.
토요일 오전 8시표를 샀습니다.
이 기차는 오전 10시 50분에 부산역에 도착합니다.
우리는 부산역에서 바로 해운대 해수욕장에 가겠습니다.
거기에서 수영도 하고 수족관도 구경하고 싶습니다.
그리고 잠은 바닷가 근처 콘도에서 자려고 합니다.
다음날에는 자갈치 시장을 구경하고 생선회와 매운탕을 먹겠습니다.
오후에는 가까운 산에 올라가서 절도 구경하겠습니다.
그리고 오후 5시에 출발하는 기차로 서울에 돌아오려고 합니다.
이번 여행은 아주 재미있을 것 같습니다.

어휘

부산	Pusan	釜山(プサン)	釜山
휴가	holiday	休暇	休假
기차표	train ticket	汽車の切符	火车票
예매하다	to purchase in advance	(切符, チケットなどを) 事前に買う	提前购买
출발하다	to leave	出発する	出发
도착하다	to arrive	到着する	到达
해운대 해수욕장	Hyewoondae Sea Water Resort, beach	海雲台海水浴場	海云台海水浴场
수족관	aquarium	水族館	水族馆
콘도	condominium	コンドミニアム	公寓套间
자갈치 시장	scabbard fish (hairtail) market	チャガルチ市場	鱼贝批发市场
생선회	raw fish	魚の刺身	生鱼片
매운탕	spicy soup	メウンタン	辣汤
절	temple	寺	寺庙
돌아오다	to return	戻って来る	回来

어휘 연습

○ [보기]에서 알맞은 말을 찾아서 알맞게 쓰십시오.

[보기] 예매하다　　구경하다　　휴가를 가다　　걸리다

❶ 친구들과 같이 여행가서 여기저기를 (　　　　　　　).

❷ 추석에 고향에 가려고 합니다.
표 사는 사람이 많을 것 같아서 기차표를 (　　　　　　　).

❸ 서울에서 10시에 고속버스를 타면 대전에 12시에 도착합니다.
서울에서 대전까지 고속버스로 두 시간쯤 (　　　　　　　).

❹ 한국의 8월은 아주 덥습니다.
많은 사람들이 산이나 바다로 (　　　　　　　).

질문

1. 나는 언제 어디에 가려고 합니까?

2. 나는 거기에서 무엇을 하겠습니까? (모두 쓰십시오.)

3. 맞으면 O, 틀리면 X 하십시오.

❶ 나는 부산 친척집에서 자겠습니다. (　　　)

❷ 나는 혼자 부산에 가겠습니다. (　　　)

❸ 서울에서 부산까지 기차로 2시간 50분 걸립니다. (　　　)

4. 위 글을 읽고 여행 일정표의 빈 칸을 채우십시오.

장소	시간	일정
서울~부산	(토) 8:00	(　　　) 출발
	(　　　)	부산역 도착
	11:30~17:00	(　　　)에서 (　　　　　　)
	17:30	콘도 도착
	19:00	저녁 식사
	(일) 8:00	아침 식사
	11:00~13:00	자갈치 시장에서 (　　　　　　)
	14:00~16:00	(　　　　　　)
	(　　　)	부산역 출발
	(　　　)	서울역 도착

더 공부해 봅시다

- 여러분은 어디에 여행을 가고 싶습니까?
  여러분의 여행 일정표를 만드십시오.

장소	일정

읽어 봅시다 [CD2: 34]

- [ㅊ] – 기차 출발 친구 춤 추다
  기차가 출발한 후에 한 친구가 기뻐서 춤을 추었습니다.

- [ㅋ] – 콘도 카메라 콩 캐다 캥거루
  콘도에 카메라를 놓고 왔습니다.

- [ㅌ] – 태종대 도토리 토론 탈 턱
  태종대 근처 숲에서 도토리를 많이 주웠습니다.

- [ㅍ] – 파랗다 풍선 파도 피다 풀
  파란 풍선을 터뜨렸습니다.

제38과 운동

◎ 여러분은 운동을 자주 합니까? 무슨 운동을 좋아합니까?

CD2: 35

저는 운동을 좋아합니다.
그 중에서 제가 제일 좋아하는 운동은 수영과 축구입니다.
요즘도 집 근처에 있는 수영장에서 일주일에 두 번 수영을 합니다.
일본에 있을 때도 주말마다 수영을 했습니다.
그리고 친구들과 같이 축구도 자주 했습니다.
한 달에 한 번 시합도 했습니다.
한국에서는 아직 친구가 많지 않아서 축구를 할 수 없습니다.
저는 요즘 태권도를 배웁니다.
제가 다니는 태권도장에는 외국 사람들이 많습니다.
우리는 태권도를 할 때 한국말로 이야기합니다.
한국말도 연습할 수 있고 태권도도 배울 수 있어서 좋습니다.
저는 빨리 배워서 일본 친구들에게 태권도를 가르쳐 주고 싶습니다.

어휘			
운동	sports	運動	运动
제일	the most	いちばん	最
축구	soccer, football	サッカー	足球
수영장	swimming pool	プール	游泳池
시합	competition	試合	比赛
아직	not yet	まだ	尚未
태권도	taekwondo	テコンドー	跆拳道
태권도장	taekwondo gym	テコンドー場	跆拳道馆
연습하다	to practice	練習する	练习

어휘 연습

[보기]와 같이 다음 운동과 어울리는 말을 쓰십시오.

[보기] 축구 : 하다 축구장 축구화 축구공 박지성

❶ 골프 : ....

❷ 테니스 : ....

❸ 농구 : ....

❹ 스키 : ....

질문

1. 나는 요즘 무슨 운동을 합니까?

2. 나는 왜 한국에서는 축구를 못합니까?

질문

3. 맞으면 O, 틀리면 X 하십시오.

❶ 내가 가장 좋아하는 운동은 태권도입니다. ( )

❷ 수영장이 집에서 가깝습니다. ( )

❸ 나는 일본에 있을 때 매주 축구 시합을 했습니다. ( )

4. 위 글을 읽고 축구에는 (축), 수영에는 (수), 태권도에는 (태)를 쓰십시오.

❶ 나는 일본에 있을 때 주말마다 이 운동을 했습니다. (수)

❷ 요즘 한국에서 이 운동을 배우는 외국 사람이 많습니다. ( )

❸ 나는 일본에서 이 운동 시합을 했습니다. ( )

❹ 나는 한국에서는 이 운동을 할 수 없습니다. ( )

❺ 나는 요즘 이 운동을 배웁니다. ( )

❻ 나는 요즘 일주일에 두 번 이 운동을 합니다. ( )

❼ 나는 이 운동을 할 때 한국말로 말합니다. ( )

더 공부해 봅시다

- 여러분은 좋아하는 운동이 있습니까? 그 운동을 [보기]와 같이 소개하십시오.

[보기]
저는 축구를 아주 좋아합니다.
전에는 축구를 좋아하지 않았습니다.
축구는 남자들만 좋아하는 운동인 것 같았습니다.
지금은 그렇게 생각하지 않습니다.
2002년 월드컵 때 한국 축구 선수들은 정말 열심히 잘 했습니다.
그래서 한국은 세계 4위를 했습니다.
그때 한국인들의 응원은 정말 대단했습니다.
여러 사람이 같이 모여서 응원했습니다.
한국의 응원단 '붉은 악마'들은 빨간 색 티셔츠를 입고 열심히 응원했습니다.
그때부터 저는 축구팬이 됐습니다.
이제는 축구 경기 규칙도 알고 좋아하는 선수도 있어서 축구가 재미있습니다.

읽어 봅시다 [CD2: 36]

- [ㄷ] – 둥글다 달 동산 동물 다르다
  둥근 달이 동산에 떠올랐습니다.
  동물마다 먹이와 습성이 다릅니다.

- [ㅌ] – 토마토 배탈 텔레비전 태권도 통과하다
  토마토를 잘못 먹고 배탈이 났습니다.
  텔레비전에서 태권도 시합을 보았습니다.

- [ㄸ] – 딸 또 딸기 따라하다 따르다
  제 딸이 또 딸기를 먹습니다.
  그 아이가 저를 따라합니다.

제39과 여행과 사진

○ 여러분의 취미는 무엇입니까?

CD2: 37

저는 자주 여행을 다닙니다.
해외여행보다는 국내여행을 많이 했습니다.
지금까지 여행한 곳 중에서는 제주도가 제일 좋았습니다.
제주도는 푸른 바다가 아름답고 구경할 곳도 많았습니다.
지난 봄에는 제주도에서 민속 박물관과 식물원을 구경했습니다.
식물원에는 서울에서 볼 수 없는 꽃들이 많이 있었습니다.
그리고 저는 여행할 때 사진 찍는 것도 좋아합니다.
아름다운 경치나 재미있는 모습을 찍습니다.
제주도에서 찍은 사진도 제 방에 많습니다.
이 사진들 중에서 저는 한라산 사진이 제일 마음에 듭니다.
노란 꽃이 많이 핀 한라산은 아주 아름답습니다.
저는 이번 봄에 다시 한 번 한라산에 가고 싶습니다.

어휘			
여행	travel	旅行	旅行
해외여행	travel abroad	海外旅行	海外旅行
국내여행	domestic travel	国内旅行	国内旅行
푸르다	to be blue	青い	碧绿
민속 박물관	folk museum	民俗博物館	民俗博物馆
식물원	botanical garden	植物園	植物园
한라산	Hanla Mountain	漢羅山	汉拿山
마음에 들다	to like	気に入る	满意
노랗다	to be yellow	黄色い	黄
다시	again	もう一度, ふたたび	再

어휘 연습

○ 다음과 같이 연결하십시오.

❶ 사진 • ··········	• 찍다
❷ 그림 •	• 하다
❸ 산책 •	• 치다
❹ 영화 •	• 그리다
❺ 춤 •	• 보다
❻ 피아노 •	• 추다

질문

1. 내 취미는 무엇입니까? (모두 쓰십시오.)

2. 나는 지난 봄에 제주도에서 무엇을 했습니까? (모두 쓰십시오.)

질문

3. 맞으면 O, 틀리면 X 하십시오.

❶ 나는 가끔 여행을 합니다. (　　)

❷ 나는 해외여행보다 국내여행을 더 많이 했습니다. (　　)

❸ 나는 이번 봄에 다시 제주도에 갔습니다. (　　)

4. 위 글을 읽고 [보기]와 같이 묻고 대답하십시오.

[보기] 가 : 가끔 여행을 합니까?
나 : 아니요, 자주 여행을 합니다.

❶ 가 : ....?
나 : ....

❷ 가 : ....?
나 : ....

❸ 가 : ....?
나 : ....

❹ 가 : ....?
나 : ....

더 공부해 봅시다

- 다음을 읽고 질문에 답하십시오.

호주 5박 6일 여행

시드니에서 오페라 하우스를 구경하고, 골드코스트를 즐길 수 있습니다.

- 출발 : 5월 27일 19:25
- 도착 : 6월 1일 17:40
- 기간 : 5박 6일
- 요금 : 1,490,000원 (2인 1실 요금)
  방을 혼자 쓰시면 1,890,000원
- 호텔 : 일급(★★★★★) 호텔
- 일정 : 인천–기내(1박)–시드니(1박)–골드코스트(3박)–인천

1. 호주에서 어디를 구경합니까?

2. 맞으면 O, 틀리면 X 하십시오.

❶ 2급 호텔에서 잡니다. (   )

❷ 이 주일 동안 여행합니다. (   )

❸ 방을 혼자 쓰면 요금이 더 비쌉니다. (   )

읽어 봅시다 [CD2: 38]

- 찍는[찡는] 그곳에는 사진을 찍는 사람들이 많았습니다.
- 먹는[멍는] 밥은 천천히 먹는 것이 좋습니다.
- 닦는[당는] 이 수건은 얼굴을 닦는 것입니다.
- 박물관[방물관] 박물관에는 볼 것들이 많습니다.
- 식물원[싱물원] 식물원에서 여러 가지 꽃과 나무를 보았습니다.

제40과 엽서

여러분은 언제 엽서를 씁니까?

보내는 사람

□□□-□□□

받는 사람

□□□-□□□

CD2: 39

그리운 유코 씨에게

그동안 잘 지냈어요? 연락을 자주 못해서 미안해요.
저는 어제 친구들과 같이 설악산에 왔어요.
설악산은 강원도에 있는 유명한 산이에요.
이곳은 지금 날씨도 좋고 단풍도 아주 아름다워요.
어제는 등산을 6시간 동안 했어요.
그래서 지금 좀 피곤하지만 기분은 아주 좋아요.
이 엽서에 있는 사진이 아름답지요? 이곳이 바로 설악산이에요.
산을 좋아하는 유코 씨에게 주려고 이 엽서를 샀어요.
시간이 있을 때 한 번 오세요. 유코 씨도 좋아할 거예요.
그럼 안녕히 계세요.
참, 한국에 오기 전에 꼭 저에게 연락하세요.

10월 30일

설악산에서 지수가

어휘			
엽서	postcard	葉書	明信片
그립다	to miss	懐かしい	想念
그동안	during that time	(前に会って(連絡して)から今までの)その間	这期间
연락하다	to keep in touch	連絡する	联系
설악산	Sorak Mountain	雪岳山	雪岳山
강원도	Kangwondo	江原道	江原道
등산	hike	登山	登山

어휘 연습

○ 다음과 같이 연결하십시오.

❶ 안부 •	··························	• 전화
❷ 모임 •		• 편지
❸ 연애 •		• 엽서
❹ 생일 •		• 카드
❺ 그림 •		• 초대장

질문

1. 이것은 누가 누구에게 쓴 엽서입니까?

2. 지수 씨는 어제 무엇을 했습니까?

질문

3. 맞으면 O, 틀리면 X 하십시오.

❶ 지금은 가을입니다. (   )

❷ 유코 씨와 지수 씨는 요즘 자주 만납니다. (   )

❸ 유코 씨는 지금 한국에 있습니다. (   )

4. [보기]에서 알맞은 말을 찾아서 (   )에 번호를 쓰십시오.

[보기] ❶ 보내는 사람 ❷ 끝 인사 ❸ 내용 ❹ 추신(P.S.) ❺ 날짜 ❻ 안부 인사 ❼ 받는 사람

(   ) → 그리운 유코 씨에게

(   ) → 그동안 잘 지냈어요?
→ 연락을 자주 못해서 미안해요.

(   ) → 저는 어제 친구들과 같이 설악산에 왔어요.
설악산은 강원도에 있는 유명한 산이에요.
이곳은 지금 날씨도 좋고 단풍도 아주 아름다워요.
어제는 등산을 6시간 동안 했어요.
그래서 지금 좀 피곤하지만 기분은 아주 좋아요.
이 엽서에 있는 사진이 아름답지요?
이곳이 바로 설악산이에요.
산을 좋아하는 유코 씨에게 주려고 이 엽서를 샀어요.
시간이 있을 때 한 번 오세요.
→ 유코 씨도 좋아할 거예요.

(   ) → 그럼 안녕히 계세요.

(   ) → 10월 30일

(   ) → 설악산에서 지수가

(4) → 참, 한국에 오기 전에 꼭 저에게 연락하세요.

더 공부해 봅시다

- 편지를 쓰는 형식에 맞게 부모님이나 친구에게 편지를 써 보십시오.

____

....

....

....

....

....

....

....

....

....

읽어 봅시다 [CD2: 40]

- [ㅘ] 화요일 관광객 과자 좌석
  왔어요 따라와요 도와요

- [ㅝ] 월급 권리 원인 시원하다
  아름다워요 도와줘요 고마워요

화요일에는 월급을 받고 조금 늦게 집에 왔어요.
꽃이 참 아름다워요.
일이 너무 많으니까 좀 도와줘요.
어제 친구가 도와줘서 정말 고마웠어요.
관광객이어서 길을 잘 모릅니다.

37-40과 확인해 봅시다

1. 다음을 읽어 봅시다.

❶ 이 버스가 몇 시에 서울에서 출발합니까?

❷ 일주일에 두 번씩 태권도를 배우고 있습니다.

❸ 요즘 예쁜 꽃이 많이 피어서 사진을 찍는 사람들이 많습니다.

❹ 설악산 경치가 아름다워서 또 가고 싶어요.

2. 다음 질문에 답하십시오.

1) 틀린 문장을 고르십시오. (　　　)

❶ 방학 때 일본 여행에 갈 거예요.

❷ 지난 주말에 북한산에 등산을 갔습니다.

❸ 서울 여기저기를 구경하고 싶어요.

❹ 어제 소풍을 갔습니다.

2) 틀린 어휘를 고르십시오. (　　　)

❶ 축구장　　❷ 스키장　　❸ 요기장　　❹ 수영징

3) [보기]에서 공통으로 들어갈 수 있는 어휘를 골라서 알맞게 쓰십시오.

[보기]　들다　연락하다　바꾸다　걸다

❶ 친구에게 자주 이메일로 (　　　　　　　).
한국에 오기 전에 저에게 (　　　　　　　).

❷ 옷을 옷걸이에 (　　　　　　　).
영국에 사는 친구에게 전화를 (　　　　　　　).

❸ 외국에 사니까 생활비가 많이 (　　　　　　　).
이 옷이 마음에 (　　　　　　　).

❹ (전화로) 미선 씨 좀 (　　　　　　　) 주세요.
이 옷이 너무 크니까 (　　　　　　　) 주세요.

4) 관계 있는 어휘를 쓰십시오.

❶ 계절 : ...., ..., ..., ..., ...

❷ 날씨 : ...., ..., ..., ..., ...

3. 다음 글을 읽고 빈 칸을 채우십시오.

제목 : 취미

우리 교실에 낸시, 소붕, 마리나, 요헤이 씨가 있습니다.

미국에서 온 낸시 씨는 ❶ 취미가 ....
한국에 오기 전에도 세계 여러 나라를 여행했는데, 한국에 와서도 여러 곳을 구경했습니다. 지난 주말에는 친구들과 같이 경주에 갔습니다. 미국에서 부모님이 한국에 오셨을 때는 부모님과 같이 제주도에도 갔습니다.

중국에서 온 소붕 씨는 ❷ ....
그래서 친구들과 같이 노래방에 자주 갑니다. 그 동안 한국말 공부를 열심히 해서 이제는 한국 노래도 잘 부를 수 있습니다. 음악을 듣는 것도 좋아해서 시간이 있을 때마다 음악을 듣습니다. 소붕 씨는 음악을 들으면 기분이 좋습니다.

러시아에서 온 마리나 씨는 ❸ ....
그래서 자주 극장에 갑니다. 혼자 갈 때도 있고 친구와 같이 갈 때도 있습니다. 요즘은 텔레비전 드라마도 재미있게 봅니다.

일본에서 온 요헤이 씨는 ❹ ....
수영과 농구를 잘 합니다. 한국에서는 태권도를 배우려고 합니다. 친구들과 같이 하는 농구 시합은 정말 재미있습니다. 요헤이 씨는 농구 경기를 보는 것도 좋아합니다. 가끔 농구장에 가서 응원도 합니다.

저는 ❺ ....

....

....

부록

정답

4 과

어휘 연습 이름, 전화번호, 주소

질문 1. 제임스 톰슨입니다. 2. 미국에서 왔습니다. 3. ❶O ❷X ❸O 4. 저는 제임스입니다./미국에서 왔습니다./저는 기자입니다.

확인해 봅시다(1~4과)

4. ❶마유미입니다. ❷일본에서 왔습니다.

5 과

어휘 연습 칠판, 시계, 가방, 책상

질문 1. 우리 교실입니다. 2. 가방에 있습니다. 3. ❶O ❷O ❸X 4. ❶교실입니다. ❷책상, 의자, 칠판, 시계가 있습니다. ❸제 가방입니다. ❹네, 큽니다. ❺책, 공책, 사전이 있습니다.

더 공부해 봅시다 ❶세번째 그림 ❷첫번째 그림 ❸두번째 그림

6 과

어휘 연습 ❶O ❷X ❸X ❹O

질문 1. 2층에 있습니다. 2. 침대, 책상, 시계 3. ❶O ❷X ❸X 4. 침대하고 옷장하고 책상이 있습니다./교과서하고 시계가 있습니다./1층에 있습니다./냉장고도 1층에 있습니다.

더 공부해 봅시다 제 방에는 책상하고 옷장이 있습니다. 책상에 가족사진하고 책이 있습니다. 꽃병도 있습니다. 꽃병에는 장미꽃이 있습니다. 벽에 거울하고 달력이 있습니다.

7 과

어휘 연습 ❶음식, 의자, 수저, 냅킨 ❷책상, 의자, 전화, 시계 ❸컴퓨터, 책상, 의자, 칠판

질문 1. 우리 학교입니다. 2. 2층에 있습니다. 3. 1)X 2)O 3)X 4. ❶식당하고 강당이 있습니다. ❷사무실이 있습니다. ❸6층에 있습니다. ❹3층에 있습니다.

더 공부해 봅시다 텔레비전은 없습니다 → 텔레비전도 있습니다/가방하고 → 책하고/시계하고 → 지도하고

8 과

어휘 연습 ❶앞 ❷뒤 ❸학교/공원

질문 1. 신촌에 있습니다. 2. 나무하고 꽃이 있습니다. 3. ❶O ❷X ❸O 4. ❶신촌에 있습니다. ❷약국하고 학교하고 공원이 있습니다. ❸아니요, 하숙집 옆에 있습니다. ❹나무하고 꽃이 많습니다.

더 공부해 봅시다 병원이 → 교회가, 은행 앞에 → 은행 뒤에, 학교 뒤에 → 학교 옆에, 학교 옆에 → 학교 앞에

확인해 봅시다(5~8과)

2. 1)④ 2)① 3) ❶뒤 ❷아래/밑 4) ❶책상, 의자, 칠판, 시계, 달력 ❷침대, 옷장, 시계, 달력, 컴퓨터 3. ❶하숙집 근처에 병원하고 약국하고 백화점이 있습니다. ❷제 방에는 책상하고 의자하고 침대가 있습니다. ❸한국 학생은 없습니다.

9 과

어휘 연습 ❷병원에서 일합니다. ❸대사관에서 일합니다. ❹학교에서 가르칩니다. ❺신문사에서 일합니다.

질문 1. 경희 씨, 토모미 씨, 마이클 씨가 삽니다. 2. 여의도에 있습니다. 3. ❶O ❷O ❸X 4. ❶우리 하숙집에 누가 있습니까? ❷경희 씨는 어디에 다닙니까? ❸마이클 씨는 은행원입니까? ❹모두 열심히 일합니까?

더 공부해 봅시다 배웁니다 → 가르칩니다, 여의도 → 신촌, 2층 → 5층

10 과

어휘 연습 형, 누나, 동생

질문 1. 네 명입니다. 2. 아버지는 은행원이시고, 어머니는 선생님이십니다. 3. ❶X ❷X ❸O

4.

누가 있습니까?	무엇을 합니까?	어디에 있습니까?
아버지	은행원	일본
어머니	선생님	일본
형	회사원	미국
나	학생	한국

더 공부해 봅시다 여동생의 글은 ①번 글입니다.

11 과

어휘 연습 ❷춥다 ❸싸다 ❹어렵다 ❺나쁘다

질문 1. ③ 2. 김정우 3. ❶X ❷X ❸O 4. ❶공기가 좋습니다. ❷경치가 아름답습니다. ❸한라산과 바다가 있습니다. ❹12월 20일에 씁니다.

12 과

어휘 연습 ❷부르다 ❸추다 ❹먹다

질문 1. 친구 2. 미국 뉴욕에서 왔습니다. 3. ❶X ❷O ❸O 4. 전공-한국말, 고향-미국 뉴욕, 취미-노래와 춤

확인해 봅시다(9-12과)

2. 1)② 2)② 3) ❶가수 ❷고향 ❸방학 4) 가족: 어머니, 오빠, 언니, 남동생 직업: 회사원, 변호사, 기자, 가수 3. 호주는 경치가 아름답고 공기도 좋습니다./아버지, 어머니, 누나, 그리고 저입니다./아버지는 회사원이시고 어머니는 의사이십니다./누나는 대학생이고 역사를 공부합니다./가끔 한국노래도 배웁니다.

13 과

어휘 연습

갈비	불고기	비빔밥
냉면	삼계탕	김치찌개

질문 1. ② 2. 한식을 좋아합니다. 3. ❶O ❷X ❸X 4. ❶내가 자주 먹습니다. ❷유키 씨가 싫어합니다. ❸조금 맵습니다. ❹유키 씨가 자주 먹습니다.

더 공부해 봅시다

한식집	불고기, 갈비, 비빔밥, 김치찌개, 된장찌개, 냉면, 비빔밥
일식집	생선초밥, 생선회, 회덮밥, 튀김, 생선매운탕
중국집	자장면, 탕수육, 짬뽕, 울면, 볶음밥, 잡탕밥
양식집	스테이크, 돈가스, 생선가스, 스파게티
분식집	라면, 쫄면, 국수, 우동, 김밥, 떡볶이

14 과

어휘 연습 ❷식초, 레몬 ❸설탕, 꿀 ❹인삼, 한약 ❺소금, 간장

질문 1. ③ 2. 육천 원입니다. 3. ❶O ❷X ❸X 4. 이천오백 원 → 이천 원/사천 원 → 삼천 원/오천 원 → 사천 원/토요일에 → 일요일에/껌이 → 음료수가/배달은 하지 않습니다. → 배달도 합니다.

더 공부해 봅시다 ❶X ❷X ❸O ❹O

15 과

어휘 연습 김치, 불고기, 된장찌개, 반찬

질문 1. 우리 반 친구들이 옵니다. 2. 한식을 좋아합니다. 3. ❶O ❷O ❸X 4. ❶집에 옵니다. ❷불고기하고 된장찌개하고 반찬을 만듭니다. ❸친구들이 모두 좋아합니다. ❹제가 아주 좋아합니다. ❺이 음식을 맛있게 먹고 싶습니다.

16 과

어휘 연습 ❶참 ❷같이 ❸아주 ❹잘

질문 1. 아주 깨끗하고 조용합니다. 2. 여기요, 김치찌개 (이인 분) 주십시오. 3. ❶X ❷O ❸O 4. ❶한식집은 깨끗합니다. ❷김치찌개를 먹고 싶습니다. ❸여기요, 김치찌개 이인 분 주십시오. ❹음식이 맛있습니다. ❺이인 분에 팔천 원입니다.

정답

더 공부해 봅시다 ❶여기요, 포테이토피자 한 판하고 콜라 한 병 주십시오. ❷여기요, 탕수육 하나하고 자장면 둘 주십시오. ❸여기요, 김밥 이인 분하고 라면 둘 주십시오.

확인해 봅시다(13~16과)

2. 1)② 2)③ 3) ❶인분/그릇 ❷잔 ❸개/개
3. 샤오밍:좋습니다. 저도 고기를 먹고 싶습니다./웨이:네, 콜라 한 병 주세요./샤오밍:고기도 맛있고, 반찬도 맛있습니다./샤오밍:아니요, 많이 먹었습니다./종업원:24,000원입니다./종업원: 감사합니다. 또 오십시오.

17 과

어휘 연습 ❷다닙니다. ❸앉습니다. ❹삽니다. ❺나갑니다.

질문 1. 교실입니다. 2. 리에 씨 → 웨이 씨 → 제임스 씨와 마리아 씨 → 선생님 3. ❶X ❷O ❸X

4.

여덟 시 반에	리에 씨가 들어옵니다. 샌드위치를 먹습니다.
여덟 시 사십오 분에	웨이 씨가 옵니다. 커피를마십니다.
여덟 시 오십오 분에	제임씨와 마리아 씨가 들어옵니다. 두 사람이 같이 이야기합니다.
아홉 시에	선생님이 들어오십니다. 수업을 시작합니다.

더 공부해 봅시다 ❶듣기 연습을 합니다. ❷26일 4교시에 단어 복습을 합니다. ❸27일과 28일에 중간시험을 봅니다. 27일에는 말하기 시험과 읽기 시험을 보고, 28일에는 쓰기 시험과 듣기 시험을 봅니다.

18 과

어휘 연습 ❶생일 ❷주말 ❸추석 ❹모레

질문 1. 시월 삼일 2. 고향에 갑니다. 3. ❶O ❷X ❸O 4. 10월 3일(개천절), 10월 7일(추석), 10월 25일(동생 생일)

더 공부해 봅시다: 내일은 → 모레는, 축구장 → 수영장, 축구를 → 수영을, 15일 → 17일, 바다 → 산, 목요일마다 → 금요일마다, 30일부터 → 31일부터

19 과

어휘 연습 ❷돈을 찾습니다. ❸책을 빌립니다. ❹책을 삽니다. ❺편지를 보냅니다.

질문 1. 나의 하루 2. ② → ⑤ → ④ → (①) → ③ 3. ❶O ❷X ❸X

4.

오전	7:00~8:00	수영
	9:00~10:00	한국어 수업
오후	1:10	점심
	2:00~6:00	회사에서 일
	6:30	약속
	8:00	영화

20 과

어휘 연습 ① 지난주 ② 이번주 ③ 다음주 ④ 그저께 ⑤ 어제 ⑥ 내일 ⑦ 모레 ⑧ 지난달 ⑨ 다음달

질문 1. ③ 2. ⑤ → (①) → ③ → ② → ④
3. ❶X ❷O ❸X 4. ❶오늘은 무슨 요일입니까? ❷집 근처 학교 운동장에서 무엇을 했습니까? ❸여자 친구는 백화점에서 무엇을 샀습니까? ❹치마가 어땠습니까?

확인해 봅시다(17~20과)

2. 1)④ 2)① 3) ❶추석 ❷생일
4)(했습니다),만났습니다, 많았습니다, 탔습니다, 좋았습니다, 보았습니다, 재미있었습니다

21 과

어휘 연습 가게-옷가게, 꽃가게, 빵가게, 떡가게/집-빵집, 꽃집, 떡집, 술집/방-책방, 노래방

질문 1. 음악 CD와 소설책을 사겠습니다. 2. 재

미있는 소설책을 사겠습니다. 3. ❶O ❷O ❸X 4. ❶내일입니다. ❷가겠습니다. ❸음악 감상과 책 읽기입니다. ❹물건이 많고 값도 비싸지 않습니다. ❺남자친구에게 생일선물을 주러 가겠어요.

22 과

어휘 연습 ❶비싸다, 싸다, 예쁘다, 크다, 작다, 조용하다, 깨끗하다 ❷쉽다, 어렵다, 재미있다, 재미없다, 무섭다 ❸비싸다, 싸다, 예쁘다, 크다, 작다

질문 1. 수업이 끝나고 갔습니다. 2. 외국 사람이 좋아하는 한국 노래 CD를 찾았습니다. 3. ❶X ❷O ❸X 4. 외국 사람이 좋아하는 한국 노래 CD 좀 보여 주세요. / 이 CD가 어때요? 좋은 노래가 많아요. / 그래요? 그럼 이 CD로 주세요. / 감사합니다. 또 오세요.

더 공부해 봅시다 ❶연필 그림 ❷과일 케이크 그림 ❸귀고리 그림

23 과

어휘 연습 장미, 무궁화, 벚꽃, 개나리, 진달래, 카네이션, 튤립

질문 1. 빨간 색 카네이션을 샀습니다. 2. 어버이날입니다. 3. ❶X ❷O ❸X 4. 카네이션이 있어요?/ 빨간 색 카네이션을 사고 싶어요./ 몇 다발 드릴까요?/모두 12,000원이에요./그럼 1,000원 깎아 드릴게요. 11,000원만 주세요.

24 과

어휘 연습 ❶까만색/신다 ❷파란색/쓰다 ❸하얀색/입다 ❹빨간색/끼다 ❺노란색/들다

질문 1. 옷을 사러 갔습니다. 2. 까만 색 코트와 따뜻한 털모자와 장갑을 샀습니다. 3. ❶O ❷O ❸X

확인해 봅시다(21~24과)

2. 1)② 2)③ 3) ❶서점(=책방) ❷송이 ❸깎아 4)개: 사과, 책상, 의자 / 병: 주스, 맥주 / 권: 공책 / 대: 컴퓨터, 자동차 / 켤레: 구두, 양말 / 송이: 꽃 / 마리: 오징어, 고양이 / 자루: 볼펜, 연필 3. ❶여자친구에게 줄 귀걸이를 사고 싶었습니다. ❷작고 예쁜 커플링을 샀습니다. ❸십삼만 원이었습니다.

25 과

어휘 연습 ❷공항 ❸역 ❹터미널 ❺항구 ❻정류장 ❼정류장

질문 1. 신촌역 2. 7024번 버스 3. ❶X ❷O ❸X 4. (④) ② ⑤ ③ ① ⑦ ⑥

더 공부해 봅시다 출입국 관리사무소, 지하철 5호선 오목교역 하차, 3번 출구, 5012번 버스, 목동 8단지 하차

26 과

어휘 연습 ❷미술관 ❸박물관 ❹도서관 ❺대사관

질문 1. 정동극장, 공연을 보러 2. 사람이 많아서 복잡했습니다. 3. ❶X ❷X ❸O

더 공부해 봅시다 ❶미술관 ❷대사관

27 과

어휘 연습 버스노선도, 하차 벨, 노약자석, 타는 문, 내리는 문

질문 1. 그림을 보러 2. 노약자 석이어서 3. ❶X ❷O ❸O

4.

출발 장소	학교 앞
교통수단	버스
도착 장소	인사동
시간	15분

학교 앞에서 출발했습니다.
버스로 갔습니다.
인사동에서 내렸습니다.
15분 걸렸습니다.

정답

더 공부해 봅시다 극장 앞→신촌, 걸어서→지하철로, 신촌 지하철 역→삼성역

28 과

어휘 연습 ❶버스요금, 지하철요금 ❷관리비, 생활비 ❸음식값, 꽃값

질문 1. 버스나 지하철을 타고 갑니다. 2. 어려웠지만 재미있었습니다. 3. ❶O ❷X ❸X

더 공부해 봅시다 ❷손 ❸손 ❹기 ❺기 ❻손 ❼손 ❽손 ❾손

확인해 봅시다(25~28과)

2. 1)④ 2)③ 3) 세워, 내리실, 택시요금

3. (④) ② ⑤ ① ③

29 과

어휘 연습 ❷하기도 하고 ❸던지기도 하고 ❹보내기도 하고 ❺주기도 하고

질문 1. 학교 친구에게 2. 한국친구가 가르쳐 주었습니다. 3. ❶O ❷X ❸O 4. (②) ⑥ ④ ③ ① ⑤

30 과

어휘 연습 ❷바로 여기입니다. ❸바로 전데요. ❹아니요, 바로 지금 오세요.

질문 1. 웨이 씨와 리에 씨 2. 제임스 씨 집에서 3. ❶O ❷X ❸X 4. 크리스마스 파티, 저녁 6시, 우리(제임스)집, 지하철 2호선 신촌역에서 전화, 제임스

더 공부해 봅시다 1)② 2) ❶X ❷O ❸X

31 과

어휘 연습 ❶그래서 ❷그렇지만 ❸그러면 ❹그리고 ❺그런데

질문 1. 약속을 지킬 수 없어서 2. 미영 씨가 화가 났을 것 같아서 3. ❶O ❷X ❸X 4. ①스 ②스 ③미 ④미 ⑤미 순서: (②) ④ ③ ① ⑤

32 과

질문 1. 한국말 듣기와 말하기가 어려워서 2. 전화를 잘 받아서 3. ❶O ❷X ❸X

더 공부해 봅시다 1)❹ 2)❼ 3)❸ 4)❻ 5)❺ 6)❶ 7)❷

확인해 봅시다(29~32과)

2. 1)④ 2)② 3) ❶울립니다 ❷들립니다 ❸걸렸습니다 ❹눌렀습니다 4) ❶걸다, 받다, 하다, 끊다 ❷보내다, 받다, 쓰다, 남기다 ❸보내다, 받다, 남기다, 듣다 ❹보내다, 받다, 쓰다, 하다 3. (가)토요일에 같이 등산 가요. (나)토요일에 만나요. (다) 토요일에 다른 약속이 있어요.

33 과

어휘 연습 ❶진달래, 소풍, 따뜻하다 ❷장마, 땀, 덥다 ❸단풍, 선선하다 ❹눈, 눈사람, 스키, 춥다

질문 1. 선선합니다, 춥지도 않고 덥지도 않습니다. 2. 1년 내내 덥습니다. 3. ❶O ❷X ❸O

34 과

어휘 연습 1)비, 눈, 소나기 2)비, 눈, 소나기 3)바람 4)안개

질문 1. 일기예보 2. 오늘은 맑고 낮에는 구름이 조금 낌 3. 1)O 2)X 3)X

35 과

어휘 연습 1)깊다, 얕다, 넓다, 좁다 2)높다, 낮다, 넓다 3)넓다, 좁다 4)높다, 낮다

질문 1. 바람이 불고 구름이 많이 끼었습니다. 2. 수영도 하고 배도 탔습니다. 3. ❶X ❷O ❸O

36 과

어휘 연습 ❶야구, 농구, 요가, 등산, 축구, 수영 ❷탁구, 골프, 테니스 ❸스키, 스노보드, 스케이트

질문 1. 스키를 탈 수 있어서 2. 스키를 타는 사람, 무서워서 가만히 있는 사람, 눈싸움만 하는 사람 3. ❶X ❷X ❸ O 4. ❶스키장에 갔습니다. ❷많이 넘어졌지만 이제는 어렵지 않습니다. ❸서울에서 가깝습니다. ❹즐겁게 스키를 타는 사람도 있고 무서워서 가만히 있는 사람도 있습니다. 그리고 눈싸움만 하는 사람도 있습니다.

확인해 봅시다(33~36과)

2. 1)④ 2)③ 3) ❶사계절 ❷불었습니다 ❸ 최고기온 4) 계절 : 봄, 여름, 가을, 겨울 날씨 : 따뜻하다, 덥다, 무덥다, 선선하다, 춥다, 비가 오다, 눈이 오다, 바람이 불다, 구름이 끼다, 안개가 끼다 3. 1)④ 2)②

37 과

어휘 연습 ❶구경합니다. ❷예매합니다. ❸걸립니다. ❹휴가를 갑니다.

질문 1. 이번 주말에 부산에 가려고 합니다. 2. 해운대 해수욕장에서 수영을 함, 수족관 구경, 자갈치시장 구경, 생선회와 매운탕을 먹음, 절 구경 3. ❶X ❷X ❸O 4. 시간 – 10:50, 17시(5시), 19:50(7시 50분) 일정 – 서울역/해운대해수욕장 수영, 수족관구경/생선회 매운탕/등산, 절 구경

38 과

어휘 연습 ❶치다, 골프장, 골프화, 골프공, 타이거 우즈 ❷치다, 테니스장, 테니스화, 테니스공, 로저 페더러(스위스출신) ❸하다, 농구장, 농구화, 농구공, 마이클 조던 ❹타다, 스케이트장, 스케이트화, 스케이트, 김연아

질문 1. 수영과 태권도 2. 아직 친구가 많지 않아서 3. ❶X ❷O ❸X 4. (수) 태, 축, 축, 태, 수, 태

39 과

어휘 연습 ❷그리다, 보다 ❸하다 ❹보다 ❺추다 ❻치다

질문 1. 여행과 사진 2. 민속박물관과 식물원 구경 3. ❶X ❷O ❸X

더 공부해 봅시다 1. 시드니(오페라하우스)와 골드코스트를 구경 2. ❶X ❷X ❸O

40 과

어휘 연습 ❷초대장 ❸편지 ❹카드 ❺엽서

질문 1. 지수가 유코에게 2. 친구들과 설악산 등산 3. ❶O ❷X ❸X 4. ⑦ ⑥ ③ ② ⑤ ① ④

확인해 봅시다(37~40과)

2. 1)① 2)③ 3) ❶연락합니다 ❷걸었습니다 ❸듭니다 ❹바꿔 4) 운동: 태권도, 축구, 야구, 배구, 농구, 테니스, 골프, 수영, 탁구 등 /여행: 국내여행, 해외여행, 호텔, 민박, 비행기 표, 기차표, 여행 가방 등 /계절: 봄, 여름, 가을, 겨울 /날씨: 따뜻하다, 덥다, 선선하다, 춥다

3. ❶여행입니다. ❷노래를 아주 좋아합니다. ❸취미가 영화감상입니다. ❹운동이 취미입니다.

한글

Hangeul

Hangeul, which is the name of the Korean alphabet, was invented in 15th century by King Sejong (세종대왕). The following are the letters which represent the Korean vowels and consonants.

vowels

글자 (letter)	소리 (sound value)	글자 (letter)	소리 (sound value)
아	[a]	애	[ɛ]
야	[ja]	얘	[jɛ]
어	[ə]	에	[e]
여	[jə]	예	[je]
오	[o]	와	[wa]
요	[jo]	왜	[wɛ]
우	[u]	외	[ö/we]
유	[ju]	워	[wə]
으	[i]	웨	[we]
이	[i]	위	[ü/wi]
		의	[ii]

To show the phonetic relations among the sounds represented by the simple vowels, they may be arranged in a chart as shown in the following.

	ur/front	r/central	ur/back	r/back
high	ㅣ	ㅟ	ㅡ	ㅜ
mid	ㅔ	ㅚ	ㅓ	ㅗ
low	ㅐ		ㅏ	

Note: ur stand for "unrounded" and r stand for "rounded".
This vowel chart refers to positions of articulation in the mouth.

consonants

글자 (letter)	소리 (sound value)	이름 (name)	글자	소리 (sound value)	이름 (name)
ㄱ	[k/g]	기역 [kijək]	(letter)	[k^h]	키읔 [k^hiit-]
ㄴ	[n]	니은 [niɨn]	ㅋ	[t^h]	티읕 [t^hiit-]
ㄷ	[t/d]	디귿 [tigɨt]	ㅌ	[p^h]	피읖 [p^hiip]
ㄹ	[r/l]	리을 [riɨl]	ㅍ	[h]	히읗 [h^hiit-]
ㅁ	[m]	미음 [miɨm]	ㅎ	[k']	쌍기역 [s'aŋgijək]
ㅂ	[p/b]	비읍 [piɨp]	ㄲ	[t']	쌍디귿 [s'aŋdigit-]
ㅅ	[s]	시옷 [siot]	ㄸ	[p']	쌍비읍 [s'aŋbiip]
ㅇ	[ŋ]	이응 [iiŋ]	ㅃ	[s']	쌍시옷 [s'aŋsiot]
ㅈ	[ts/dz]	지읒 [tsiit]	ㅆ	[ts^h]	쌍지읒 [s'aŋdziit-]
ㅊ	[ts^h]	치읓 [ts^hiit]	ㅉ		

A full or complete syllable in Korean consists of three parts

(1) the initial part, which is a consonant

(2) the medial part, which is a vowel

(3) the final part, which is a consonant

All syllables are not complete, so that the initial part or the final part or both may be lacking, but there is always a medial part, that is, a vowel.

When the long stroke is vertical, the initial consonant comes on the left side of the vowel and when the long stroke is horizontal, the initial consonant comes above the vowel.

C+V+C (consonant+vowel+consonant) 한 국

C+V 사 과

V+C 원 인

V 아 우

If the syllable lacks an initial part (ex: V+C, V), the initial position in the syllable is filled by the letter "ㅇ" which is silent in this position.

발음

4 과

소리이음 1 Liasion (1)

In cases where a syllable has Patčhim(받침), and the first sound of the following syllable begins with a vowel, the Patčhim is pronounced as the first sound of the following syllable.

5 과

콧소리 되기 1 Nasalization (1)

/ㄴ/, /ㅁ/ 앞의 받침 /ㅂ/ → [ㅁ]

IWhen a syllable has the Patčhim /ㅂ/ and the first sound of the following syllable is /ㄴ/ or /ㅁ/, the Patčhim /ㅂ/ is pronounced as the nasal sound [ㅁ] under the influence of the following sounds /ㄴ, ㅁ/.

6 과

일곱 끝소리 되기

Seven(representative) Syllable-final sounds

자음 앞의 받침 /ㄷ, ㅅ, ㅆ, ㅈ, ㅊ, ㅌ/ → [ㄷ]

The representative sound of the Patčhim /ㅅ, ㅆ, ㅈ, ㅊ, ㅌ/ is [ㄷ] for consonants at the end of words or in front of consonants of following syllables.

7 과

된소리 되기 1 Tensification (1)

받침 [ㄱ, ㄷ, ㅂ] 뒤의 /ㄱ/ → [ㄲ]

In cases where a syllable ends with [ㄱ, ㄷ, ㅂ] and the first sound of the following syllable is /ㄱ/, the latter /ㄱ/ is pronounced as the tensed sound [ㄲ].

8 과

소리이음 2 liaison (2)

In cases where a syllable has Patčhim, and the first sound of the following syllable begins with a vowel, the Patčhim is pronounced as the first sound of the following syllable.

9 과

거센소리 되기 1

(Consonantal) Alternation to aspirate sounds (1)

/ㄱ/+/ㅎ/ → [ㅋ], /ㅎ/+/ㄱ/ → [ㅋ]

Whenever /ㅎ/ is placed before or after /ㄱ/, the sound of /ㄱ/ changes to the aspirated sound / [ㅋ]

10 과

이중모음 /ㅖ/ Diphthong /ㅖ/

When the diphthong /ㅖ/ is placed with constants, the sound of /ㅖ/ changes to the sound of simple vowel [ㅔ]

11 과

흐름소리 되기 1

Assimilation into the liquid sound 1

/ㄹ/ 앞의 /ㄴ/ → [ㄹ]

When /ㄴ/ is placed before /ㄹ/, it is pronounced as the liquid sound [ㄹ] because /ㄴ/ is assimilated into /ㄹ/. As an exception, the /ㄹ/ in the following words are pronounced [ㄴ].

12 과

콧소리 되기 2 Nasalization (2)

/ㄴ/, /ㅁ/ 앞에서 받침 /ㄱ/ → [ㅇ]

When a syllable has the Patčhim, /ㄱ/ and the first sound of the following syllable is a nasal sound /ㄴ/ or /ㅁ/, the Patčhim /ㄱ/ is pronounced as the nasal sound [ㅇ] under the influence of the following sounds /ㄴ, ㅁ/.

13 과

ㅎ소리 줄이기 1 sound of /ㅎ/ reduction (1)

모음 앞에서 받침 /ㅎ/

/ㅎ/ is almost not pronounced between the voiced sounds.

14 과

된소리 되기 2 Tensification (2)

받침 [ㄱ, ㄷ, ㅂ] 뒤의 /ㄷ/ → /ㄸ/

When a syllable ends with [ㄱ, ㄷ, ㅂ] and the following syllable begins with /ㄷ/, the sound of /ㄷ/ changes to the tensed sound [ㄸ].

15 과

두 가지 발음 Optional pronunciation

맛있다 [마딛따/ 마싣따]
멋있다 [머딛따/ 머싣따]
되어 [되어/ 되여]
우리의 [우리의/ 우리에]
민주주의의 [민주주의의 / 민주주의에]
이오 [이오/ 이요]
아니오 [아니오/ 아니요]

16 과

거센소리 되기 2

(Consonantal) Alternation to aspirate sounds (2)

/ㄷ/+/ㅎ/ → [ㅌ] /ㅎ/+/ㄷ/ → [ㅌ]

Whenever /ㅎ/ is placed before or after /ㄷ/, the sound of /ㄷ/ change to the aspirated sounds [ㅌ]

17 과

겹받침 줄이기 1

Complex Patčhim (Word-final) Simplification

If a complex Patčhim is the final consonant of a word or appears before a consonant of the next syllable, complex Patčhim is pronounced as one of the two consonants. In front of a vowel, however, the first consonant of the complex Patčhim is pronounced as the final sound of the syllable which has the complex Patčhim and the second one is pronounced as the first sound of the following syllable.

18 과

입천장소리 되기 Palatalization

/ㅣ/ 앞의 /ㅌ/ -> [ㅊ] , /ㄷ/ → [ㅈ]

The syllable-final consonants /ㄷ, ㅌ/, change to the palatal sounds [ㅈ, ㅊ] in real pronunciation, if the following syllable begins with the vowel /ㅣ/.

19 과

된소리 되기 3 Tensification (3)

받침 [ㄱ, ㄷ, ㅂ] 뒤의 /ㅅ/ → [ㅆ]

When a syllable ends with [ㄱ, ㄷ, ㅂ] and the following syllable begins with /ㅅ/, the sound of /ㅅ/ changes to the tensed sound /ㅆ/.

In addition, in cases where a word is derived from

Chinese, /ㅅ/ which follows Patčhim /ㄹ/ is also pronounced /ㅆ/.

20 과
모음 어울림 Vowel Harmony - 과거 시제

/ㅏ/, /ㅗ/ +았
/ㅓ, ㅜ, ㅡ, ㅣ/ + 었
/하/ +였 → 했

When the last vowels /ㅓ, ㅜ, ㅡ, ㅣ/ in a verb stem come together with the tense-suffix /었/, both the syllables are compounded as follows. In cases where there is no Patčhim in the verb stem, and the last vowel in the verb stem is /ㅓ/, however, the /ㅓ/ is dropped.

When the last vowels /ㅏ, ㅗ/ in a verb stem come together with the tense-suffix /았/, both the syllables are compounded as follows. In cases where there is no Patčhim in the verb stem, and the last vowel in the verb stem is /ㅏ/, however, the /ㅏ/ is dropped.

When the last vowel in a verb stem is /ㅏ/, we add /았/ as the past tense-suffix. But as an exception, the verb '하다' is followed by with /였/ and generally, /하/+/였/ is compounded into /했/.

21 과
모음 /ㅔ/, /ㅐ/ Simple Vowels /ㅔ/, /ㅐ/

/ㅔ/ is pronounced at the front of the tongue, with mouth more open and tongue middle.

/ㅐ/ is pronounced at the front of the tongue, with mouth wide open and tongue low.

22 과
ㅎ 소리 줄이기 2

If the Patčhim /ㅎ/ (ㄴㅎ, ㄹㅎ) is followed by a voiced sound, the /ㅎ/ is almost reduced.

23 과
'꽃' 관련 단어 발음

The pronunciations of the words for flowers.
When we pronounce the word /꽃/, in cases where the following syllable begins with a vowel the Patčhim /ㅊ/ is pronounced at the first sound of the following syllable.
While, in cases where /꽃/ is at the end of words or in front of consonants of the following syllables, the Patčhim /ㅊ/ is pronounced as /ㄷ/.
If the word is a compound and the second element begins with [이], the pronunciation of the word inserts as [ㄴ] to the second element and the final [ㄷ] assimilates to [ㄴ] before the intrusive [ㄴ].

24 과
혀끝소리 Alveolars /ㅅ/, /ㅆ/

The sound of /ㅅ/ is [s] for the first sound of a syllable, while for the final consonant of a word or in front of a consonant, its sound is [t].
The sound of /ㅆ/ is [s'] for the first sound of a syllable, while, in front of a consonant, its sound is [t].

25 과

모음 /ㅚ/, /ㅟ/ Vowels /ㅚ/ /ㅟ/

The vowel /ㅚ/ is pronounced at the front of the tongue, with mouth more open and tongue middle with rounded lips.

The vowel /ㅟ/ is pronounced at the front of the tongue, with mouth slightly open and tongue high with rounded lips.

26 과

거센소리 되기 3
(Consonantal) Alternation to aspirate sounds(3)
/ㅂ/ +/ㅎ/ → [ㅍ]

Whenever /ㅎ/ is placed before or after /ㅂ/, the sound of /ㅂ/ change to the aspirated sounds [ㅍ]

27 과

콧소리 되기 2 Nasalization (2)
/ㅁ/, /ㅇ/ 뒤의 /ㄹ/ → [ㄴ]

When /ㄹ/ is placed after the nasals /ㅁ/ and /ㅇ/, the sound of /ㄹ/ changes to the nasal sound [ㄴ].

28 과

콧소리 되기 3 Nasalization (3)
/ㄴ/, /ㅁ/ 앞의 [ㄷ] → [ㄴ]

[ㄷ] in front of /ㄴ, ㅁ/ is pronounced as the nasal sounds [ㄴ]

29 과

된소리 되기 4 Tensification(4)
받침 [ㄱ, ㄷ, ㅂ] 뒤 /ㅈ/ → /ㅉ/

When a syllable ends with [ㄱ, ㄷ, ㅂ] and the following syllable begins with /ㅈ/, the sound of /ㅈ/ change to the tensed sound [ㅉ].

30 과

입천장소리 Palatals /ㅈ/ /ㅊ/ /ㅉ/

The sound of /ㅈ/ is [ts] for the first sound of a word, or [dz] if it is placed between the voiced sounds. Or as the final consonant of a word or in front of a consonant, its sound is [t].

The sound of /ㅉ/ is [ts'].

The sound of /ㅊ/ is [ts^h] for the first sound of a syllable, while for the final consonant of a word or in front of a consonant, its sound is [t].

31 과

거센소리 되기 4
(Consonantal) Alternation to aspirate sounds(4)
/ㅎ/+/ㅈ/ → [ㅊ], /ㅈ/+/ㅎ/ → [ㅊ]

Whenever /ㅎ/ is placed in front of /ㅈ/, the sound of /ㅈ/ changes to the aspirated sounds [ㅊ] by mixing with /ㅎ/.

32 과

겹받침 줄이기 2
Complex /ㅎ/ Patčhim Simplification

If a complex /ㅎ/ Patčhim is the final consonant of a word or appears before a consonant of the next syllable complex /ㅎ/ Patčhim is pronounced as one of the two consonants.

33 과

입술 소리 Labials /ㅂ/ /ㅃ/ /ㅍ/ /ㅁ/

/ㅂ/ is the sound made between lips. For pronouncing /ㅂ/, we have to first close our lips at first and then strongly push forward the air in our mouth. In real pronunciation, the sound of /ㅂ/ is [b] between the voiced sounds (vowels, ㄴ, ㅁ, ㅇ, ㄹ), while it is [p] for the final consonant of a word or in front of a consonant.

/ㅃ/ is a more tensed sound than /ㅂ/ and we can make this sound by tensifying the laryngeal muscle.

/ㅍ/ as an aspirated sound, has the mixed sound /ㅂ/ with /ㅎ/. As the final consonant of a word or in front of a consonant, its sound is [p].

/ㅁ/ is the sound made when we close our lips and then make an air stream out of our nose.

34 과

흐름소리 되기 2

Assimilation into the liquid sound(2)

When /ㄴ/ that is placed before or after /ㄹ/, it is pronounced as the liquid sound [ㄹ] because /ㄴ/ is assimilated into /ㄹ/.

As an exception, the /ㄹ/ in the following words are pronounced [ㄴ].

35 과

흐름소리 이음/ㄹ ㄹ/ Liquid sound liaison

In cases where /ㄹ/ begins a syllable and is not proceeded by a syllable ending in /ㄹ/, its pronunciation is [r]. (나라)

However, in cases where /ㄹ/ begins a syllable proceeded by a syllable ending in /ㄹ/, the pronunciation of both /ㄹ/ is [l]. (벌레)

36 과

받침 /ㄹ/ Alveolar, Liquid Patčhim /ㄹ/

In combination with a vowel, the sound of /ㄹ/ is changed from [l] to [r].

That is, as a syllable-initial sound, /ㄹ/ is pronounced [r], and as a syllable-final sound, it is pronounced [l].

When a syllable-final /ㄹ/ combines with a particle, ending or suffix beginning with a vowel, it is pronounced [r] as the first sound of the following syllable.

37 과

거센 소리 /ㅊ/ /ㅋ/ /ㅌ/ /ㅍ/

/ㅊ/ is a sound made by compounding /ㅈ/ and /ㅎ/. For the first sound of a syllable, its sound is [ts^h], and as the final consonant of a word or in front of a consonant, its sound is [t].

/ㅋ/ is a sound made by compounding /ㄱ/ and /ㅎ/. For the first sound of a syllable, its sound is [kʰ], and as the final consonant of a word or in front of a consonant, its sound is [k].

/ㅌ/ is a compounded sound made by compounding /ㄷ/ and /ㅎ/. For the first sound of a syllable, its sound is [tʰ], and as the final consonant of a word or in front of a consonant, its sound is [t].

/ㅍ/ is a sound made by compounding /ㅂ/ and /ㅎ/. For the first sound of a syllable, its sound is [pʰ], and as the final consonant of a word or in front of a consonant, its sound is [p].

38 과

혀끝소리 /ㄷ/ /ㅌ/ /ㄸ/

The sound of /ㄷ/ is [t] for an initial sound of a word or as the final consonant of a word, or in front of a consonant, while its sound is [d] between the voiced sounds.

The sound of /ㄸ/ is [t'] for the first sound of a syllable.

The sound of /ㅌ/ is [tʰ] for the first sound of a syllable, while its sound is [t] for the final consonant of a word or in front of a consonant.

39 과

콧소리 되기 4

/ㄴ/, /ㅁ/ 앞에서 받침 /ㄱ/ → [ㅇ]

When a syllable has the Patčhim /ㄱ/ and the first sound of the following syllable is a nasal sound /ㄴ/ or /ㅁ/, the Patčhim /ㄱ/ is pronounced as the nasal sound /ㅇ/ under the influence of the following sounds /ㄴ, ㅁ/.

40 과

이중모음 /ㅘ/, /ㅝ/ The Diphthongs /ㅘ/, /ㅝ/

The sound of diphthong /ㅘ/ is the combination of back central rounded vowel /ㅗ/ and mid low vowel /ㅏ/.

The sound of diphthong /ㅝ/ is the combination of back high rounded vowel /ㅜ/ and mid central vowel /ㅓ/.

색인

연세 한국어 읽기 1

색인

색인